"十四五"职业教育国家规划教材

U0454621

教育部中等职业教育专业技能课立项教材

中等职业教育
实 战 型
电子商务系列教材

电子商务基础

（第三版）

主　编	贺湘辉	陈　芳	
副主编	朱京京	曾春平	刘香玉
	陈　玫		
参　编	刘颖斌	陈　倩	崔晓童
	修鹏鹏	王英贤	廖锦花
	李成长		

在线答疑　　习题资源　　PPT课件

中国人民大学出版社

·北京·

图书在版编目（CIP）数据

电子商务基础 / 贺湘辉，陈芳主编 . --3 版 . --北京：中国人民大学出版社，2024.3
教育部中等职业教育专业技能课立项教材
ISBN 978-7-300-32159-2

Ⅰ.①电… Ⅱ.①贺… ②陈… Ⅲ.①电子商务—中等专业学校—教材 Ⅳ.①F713.36

中国国家版本馆 CIP 数据核字（2023）第 172479 号

"十四五"职业教育国家规划教材
教育部中等职业教育专业技能课立项教材
中等职业教育实战型电子商务系列教材

电子商务基础（第三版）

主　编　贺湘辉　陈　芳
副主编　朱京京　曾春平　刘香玉　陈　玫
参　编　刘颖斌　陈　倩　崔晓童　修鹏鹏　王英贤　廖锦花　李成长
Dianzi Shangwu Jichu

出版发行	中国人民大学出版社		
社　　址	北京中关村大街 31 号	邮政编码	100080
电　　话	010 - 62511242（总编室）	010 - 62511770（质管部）	
	010 - 82501766（邮购部）	010 - 62514148（门市部）	
	010 - 62515195（发行公司）	010 - 62515275（盗版举报）	
网　　址	http://www.crup.com.cn		
经　　销	新华书店		
印　　刷	北京密兴印刷有限公司	版　次	2015 年 8 月第 1 版
开　　本	787 mm×1092 mm　1/16		2024 年 3 月第 3 版
印　　张	12	印　次	2025 年 8 月第 5 次印刷
字　　数	282 000	定　价	38.00 元

LiVE 前言

本教材以习近平新时代中国特色社会主义思想为指导，深入贯彻落实党的二十大报告中提出的"办好人民满意的教育""加快建设高质量教育体系"的精神，落实立德树人根本任务，扎根中国大地，站稳中国立场，充分体现社会主义核心价值观，加强爱国主义、集体主义、社会主义教育，引导学生坚定道路自信、理论自信、制度自信、文化自信，成为担当民族复兴大任的时代新人。

本教材依据2019年国务院印发的《国家职业教育改革实施方案》及2020年教育部印发的《职业院校教材管理办法》中提出的大力促进产教融合、校企"双元"育人建设等要求进行编写。本教材在立项、编写、审核等环节注重体现职业教育特色，强化全流程产教融合、校企合作，为培养技术技能型人才提供支撑，面向具体的职业岗位，以职业岗位活动为中心，以学生为主体，以典型工作任务为载体组织教材内容，通过对职业活动中相关对象、内容、工具、方法等要素的梳理，引导学生建立整体的工作逻辑，带有较为鲜明的企业烙印。

本教材此次修订主要做了如下几项工作：（1）以满足培养建设中国式现代化人才需要为出发点，进一步完善和设计教材内容。（2）增强了互动性和趣味性。在教材中插入情境导入、德技并修、素养提升等栏目，可以更好地激发学生的参与感和学习兴趣。（3）通过调研一线教师教学和学生的学习反馈，以及行业发展的需求，对教材内容进行了合理的删、增、补等工作，可以更好地满足电商类高质量技能型人才培养需要，使教材定位、学生学习目标更符合教学需要。（4）针对教材配备了电子教案、电子课件、习题库、综合试卷与参考答案、微课视频等教学资源，读者可以登录出版社网站下载使用。

本教材由中职电商教学一线的专业教师和企业专家共同编写，团队成员来自国内不同中高职院校和企业，有丰富的教材编写和实战经验。中山市电子商务协会、中山市熊小伙电脑科技有限公司、中山市凯捷照明有限公司等企业专家全程参与教材的编写，提供了大量真实的企业项目和案例，并对全书进行了审核。

编者本着严谨、认真、负责之态度对本书相关内容进行了修订，但由于时间、水平所限，难免存在疏漏和不足，敬请读者批评指正。

编者

目 录

电子商务概述

情境导入 ▮▮

  王新是电子商务专业高一的学生，对于什么是电子商务、电子商务的分类及组成要素、电子商务的特点以及支撑环境等知识尚未有全面与系统的了解。为了激发对"电子商务基础"这门课程的学习热情，进一步探索电子商务这种商业模式的特点，为后续学习电子商务相关知识打下基础，老师给王新布置了学习任务，希望王新通过完成这些任务能加强对电子商务基础知识的理解与掌握。

学习目标 ▮▮

● 知识目标

1. 了解电子商务的概念与发展阶段。
2. 熟悉电子商务的支撑环境。
3. 明确电子商务的分类与组成要素。
4. 掌握电子商务的特点。

● 技能目标

1. 通过学习电子商务的特点，具备区分电子商务与传统商务的能力。
2. 通过电子商务分类的学习，提高不同类型电子商务的辨别能力。

● 素养目标

1. 引导学生树立大局观，顺应时代进步要求。
2. 树立科学发展观，学会用发展的眼光看待问题。

项目案例 ▮▮

阿里巴巴

  阿里巴巴创立于 1999 年，集团的首个网站是英文网站，同年阿里巴巴集团推出专注于国内批发贸易的中国交易市场（现称"1688"）。B2B 业务为阿里巴巴奠定了企业组织、制度和文化的雏形，而阿里巴巴成立的初心就是运营，即为 B 端赋能，这也与其使命"让天下没有难做的生意"相呼应。

淘宝网创立于 2003 年 5 月，定位为 C2C 购物平台，同年美国的电商巨头易贝（eBay）收购了国产企业易趣正式进军中国市场，从事 C2C 线上购物业务。阿里巴巴集团与 eBay 展开一场"蚂蚁和大象之战"。2004 年，支付宝在此背景下应运而生。C2C 业务是阿里巴巴集团完成原始客户积累的重要砝码，淘宝网的兴起也标志着阿里巴巴集团业务转型的开始。

2007 年，恰逢全球科技股大热和香港投资热钱膨胀时期，阿里巴巴集团 B2C 业务分拆上市，融资 17 亿美元，创港股融资纪录，市值超 200 亿美元。上市首日，阿里股价较发行价 13.5 港元上涨 192%。

2008 年 4 月 10 日，淘宝 B2C 新平台淘宝商城上线，淘宝商城业务模式进行了整改（如站内点击付费广告、钻石展位等各类品牌广告，以及各类增值服务），引入淘宝合作伙伴等，进而推动了淘宝商城，也就是后来的天猫崛起。2008 年 9 月，淘宝网单月交易额突破百亿元大关。同一年，推出"双十一"概念，"双十一"网购狂欢节的诞生标志着线上交易形式已经由之前的作为零售产业的补充渠道之一，转型为拉动中国内需的主流形式，由此开始全面倒逼传统零售业态升级。

2011 年 6 月 16 日，阿里巴巴集团宣布将淘宝网分拆为三家公司，分别是一淘网、淘宝网、淘宝商城，这三家公司的客户定位不同。2012 年 1 月淘宝商城正式更名为"天猫"。

截至 2022 年 3 月 31 日的 12 个月（2021 年 4 月 1 日至 2022 年 3 月 31 日），阿里巴巴集团全球年度活跃消费者约 13.1 亿，年度净增 1.77 亿元，中国市场消费者年度净增 1.13 亿，海外消费者年度净增 6 400 万，阿里巴巴集团总收入为 8 530.62 亿元人民币，同比增长 19%。

▶ 任务一　认识电子商务

📹 任务导入

通过对项目案例的阅读与学习后，老师给王新布置了一个任务，思考上述案例中提到的时间节点和事件属于电子商务发展的哪个阶段。

◎ 知识探究

随着现代通信技术、计算机技术和网络技术的整合，建立在全社会的"网络基础"上的商业模式、管理模式、组织结构发生了变革，这种全球性的、具有战略意义的贸易手段，不仅为企业提供了无限的商机，而且引起了传统贸易手段的变革。

一、电子商务的定义

1997 年 11 月，国际商会在法国首都巴黎举行了世界电子商务会议。全世界商业、信息技术、法律等领域的专家和政府部门的代表，共同探讨了电子商务的概念问题。电子商务（Electronic Commerce），是指实现整个贸易活动的电子化。从涵盖范围的角度可以定义为：电子商务是交易各方以电子交易方式而不是通过当面交换或直接面谈方式进行的任何形式的商业交易；从技术的角度可以定义为：电子商务是一种多技术的集合体，包括交换数据（如电子数据交换、电子邮件）、获得数据（如共享数据库、电子公告牌）以及自动捕获数据（如条形码）等。

电子商务的内涵有广义和狭义之分。广义的电子商务（E-business）是指利用一切电子工具或电子技术从事的商务活动；而狭义的电子商务（E-commerce）是指在互联网上以电子交易方式进行的交易活动和相关服务活动，是传统商业活动各环节的电子化、网络化。

电子商务涵盖的业务包括：信息交换；售前售后服务，如提供产品和服务的细节、产品使用技术指南、回应顾客意见；销售；电子支付；运输，包括商品的发送管理和运输跟踪，以及可以电子化传送的产品的实际发送；组建虚拟企业；等等。

二、电子商务的发展阶段

1. 1999—2002 年的萌芽阶段

这个时期中国的网民数量相比今天非常少，根据 2000 年年中公布的统计数据，当时中国网民仅 1 000 万。在这个阶段，网民的生活还仅限于收发电子邮件和浏览新闻，网民尚未成熟，市场也未成熟。萌芽期的电子商务环境只是孕育了一批初级的网民，没有产生一批电子商务平台，这个阶段要发展电子商务难度相当大。

2. 2003—2006 年的高速增长阶段

在这一时期，当当、卓越、阿里巴巴、慧聪、全球采购、淘宝，这几个响当当的名字成了互联网上的热点。这些网络企业在短短的数年内崛起。这个阶段的电子商务有三个变化：第一个变化是大批网民逐步接受了网络购物的生活方式，而且规模在高速扩大；第二个变化是众多的中小型企业从 B2B 电子商务中获得了订单，取得了销售机会，"网商"的概念深入商家之心；第三个变化是电子商务基础环境不断成熟，物流、支付等问题基本得到解决，在 B2B、B2C、C2C 领域都有不少网络商家迅速成长，积累了大量的电子商务运营管理经验和资金。

3. 2007 年至今的纵深发展阶段

这个阶段最明显的特征就是电子商务已经不仅仅是互联网企业的天下，数不清的传统企业和资金涌入电子商务领域，使得电子商务世界变得异彩纷呈。阿里巴巴上市标志着 B2B 领域的发展步入了规范化、稳步发展的阶段；淘宝的战略调整、百度的试水意味着 C2C 市场在高速发展的同时不断优化和细分市场；京东、天猫的火爆，不仅引爆了整个 B2C 领域，更让众多传统商家按捺不住，纷纷跟进。

素养提升

树立科学发展观，学会用发展的眼光看待问题

回顾过去的 20 多年，阿里巴巴一直走在经济社会发展的前沿，创造和把握了数字经济时代和中国经济高速增长带来的巨大机遇。阿里巴巴的过去和中国社会的发展息息相关，阿里巴巴的未来发展路径也和中国经济增长和社会发展的重大走向高度契合，立足科技创新、创造美好生活、致力于高质量发展、增强国际竞争力。正所谓"道路是曲折的，但前途是光明的"，只有紧跟时代发展潮流，树立科学的发展观，自强不息，才能勇往直前。

任务实施

通过本任务的学习，分析项目案例中所提及的时间节点和事件属于电子商务发展的哪个阶段，完成下表的填写。

时间	事件	电子商务的发展阶段

分析提醒：

1. 电子商务的发展阶段主要是 1999—2002 年的萌芽阶段、2003—2006 年的高速增长阶段、2007 年至今的纵深发展阶段。

2. 企业的发展需要立足国情，认清时代发展潮流，顺应时代发展要求。

同步训练

企业传统商务模式想转变成电子商务模式，最重要的是优化内部管理信息系统。管理信息系统是指以先进的信息技术为手段，对信息进行采集、整理、加工、传播、存储和利用的系统。通过优化内部管理信息系统，企业可以对信息活动过程进行战略规划，对信息活动中的要素进行计划、组织、领导和控制，力求资源有效配置、共享管理、协调运作，以最少的消耗创造最大的效益。

【问题】

1. 上网查找一些网站，看它们是否符合电子商务定义中的内容，并记下不同网站的区别。

2. 上网查找有关电子商务的发展历程的资料并归纳总结。

▶ 任务二 学习电子商务的分类及组成要素

📹 任务导入

通过上一任务的学习，王新对于电子商务的概念和发展阶段已经有了基本的认识，明白了电子商务是一种新型的商业运营模式。但是对于案例中提到的 B2B、B2C、C2C 业务存在疑惑，老师安排了一个新的任务，让王新通过本任务的学习，明确项目案例所提到的这些业务具体是指什么，是否还有其他分类商务模式。

🔍 知识探究

电子商务模式，就是指在网络环境和大数据环境中基于一定技术基础的商务运作方式和盈利模式。研究和分析电子商务模式的分类体系，有助于挖掘新的电子商务模式，为电子商务模式创新提供途径，也有助于企业制定特定的电子商务策略和实施步骤。

一、电子商务的分类

电子商务的分类方法有很多，常见的分类有以下四种。

1. 按照商业活动的运行方式分类

按照商业活动的运行方式分类，电子商务可分为完全电子商务和非完全电子商务。完全电子商务指在交易过程中的信息流、资金流、商流、物流"四个流"都能够在网上完成，商品或服务的整个商务过程都可以在网络上实现。不完全电子商务是指先基于网络，解决好信息流的问题，使交易双方在互联网上结识、洽谈，然后通过传统渠道，实现资金流、商流和物流。

2. 按照开展电子交易的范围分类

按照开展电子交易的范围分类，电子商务可分为区域性电子商务、远程国内电子商务、全球电子商务。

（1）区域性电子商务是指将所有企业、产品、服务，聚合在以城市为单位的区域性网络商圈中，形成区域性的企业集群、区域性的产品市场、区域性的服务市场，使客户更精准地找到企业及企业提供的产品与服务，使企业更精准地找到客户与同行。

（2）远程国内电子商务是指在本国范围内进行的网上电子交易活动，其交易的地域范围较大，对软硬件和技术要求较高，要求在全国范围内实现商业电子化、自动化，实现金融电子化，交易各方具备一定的电子商务知识、经济能力和技术能力，并具有一定的管理水平和能力等。

（3）全球电子商务是指在全球各地广泛的商业贸易活动中，在互联网开放的网络环境下，基于浏览器/服务器应用方式，买卖双方不谋面地进行各种商贸活动，实现消费者的网上购物，商户之间的网上交易和在线电子支付，以及各种商务活动、交易活动、金融活动和相关的综合服务活动。

3. 按照使用网络的类型分类

按照使用网络的类型分类，电子商务可分为基于专门增值网络的电子商务、基于 Internet（互联网）网络的电子商务、基于 Intranet（企业内部网）网络的电子商务。

4. 按照交易对象分类

按照交易对象分类，电子商务可分为企业对企业的电子商务（Business to Business，B to B）；企业对消费者的电子商务（Business to Consumer，B to C）；消费者对消费者的电子商务（Consumer to Consumer，C to C）；企业对政府的电子商务（Business to Government，B to G）；消费者对政府的电子商务（Consumer to Government，C to G）。

二、电子商务的组成要素

电子商务的组成要素有网络、用户、认证中心、物流配送、网上银行、商家等，如图 1－1 所示。

图 1－1　电子商务的组成要素

（1）网络。网络包括互联网、企业内部网、企业外部网（Extranet）。互联网是电子商务的基础，是商务、业务信息传送的载体；企业内部网是企业内部商务活动的载体；企业外部网是企业与企业以及企业与个人进行商务活动的纽带。

（2）用户。即参与电子商务活动的个人用户和企业用户。

（3）认证中心（CA）。认证中心是受法律承认的权威机构，负责给个人、企事业单位、政府机构分发和管理数字证书，用来确认电子商务活动中各自的身份，并通过加密、解密方法实现在线的安全信息交换和交易。

（4）物流配送。

（5）网上银行。提供 24 小时实时服务。

（6）商家。

🖵 任务实施

王新通过本任务的学习，明确了项目案例所提到的这些业务具体是指什么，了解到还有其他分类和商务模式。让我们一起来分析归纳。

商务模式	具体内容
B2B	
B2C	
C2C	
其他分类	

分析提醒：

1. 案例中所提到的 B2B、B2C、C2C 是指企业对企业的电子商务、企业对消费者的电子商务、消费者对消费者的电子商务。

2. 常见的分类方式主要有四种，按照商业活动的运行方式分类、按照开展电子交易的范围分类、按照使用网络的类型分类和按照交易对象分类。商务模式的具体内容请参照知识探究进行归纳。

🖥️)) 同步训练 ▌▌

O2O，全称为 Online to Offline，又被称为线上线下电子商务。区别于传统的 B2C、B2B、C2C 等电子商务模式，O2O 就是把线上的消费者带到现实的商店中去：在线支付线下商品、服务，再到线下去提取商品、享受服务，如团购。在该电子商务模式下，线下服务可以线上揽客，消费者可以线上筛选服务，成交后可以在线结算。

【问题】

上网查找 O2O 模式的电子商务平台有哪些？并了解其运作的具体流程。

▶ 任务三 学习电子商务的支撑环境

🎬 任务导入

通过上一任务的学习，王新对电子商务的分类与组成要素已经有了基本的认识，明白了电子商务是由网络、用户、认证中心、物流配送、网上银行和商家组成的，而互联网是电子商务的基础。为了能够更加了解电子商务的支撑环境，老师安排了一个新的任务，让王新分析电子商务的网络环境和社会环境。

◎ 知识探究

电子商务发展的环境是多方面的，主要包括技术环境、经济环境、法规环境、政策环境等。完整的电子商务体系需要有相应层面的基础设施和众多支撑条件构成的环境要素，根据其性质可分为网络环境和社会环境这两大类。

一、电子商务的网络环境

完整、安全的电子商务系统，必须有安全、可靠的通信网络，而技术标准是信息发布、传递的基础，定义用户接口、传输协议和信息发布标准等技术细节，保证了网络信息的一致性。计算机网络把分布在不同地理区域的、具有独立功能的计算机与专门的外部设备通信线路按照网络协议互联成一个信息系统，从而使众多的计算机可以方便地互相传递与共享资源。计算机网络是电子商务赖以生存的最基本的环境。

1. OSI 参考模型

OSI 参考模型又称为开放式系统互联参考模型，是一种框架性的设计方法，通过七个层次化的结构模型（如图 1-2 所示）使不同的系统、不同的网络之间实现可靠的通信，因此其最主要的功能就是帮助不同类型的主机实现数据传输。

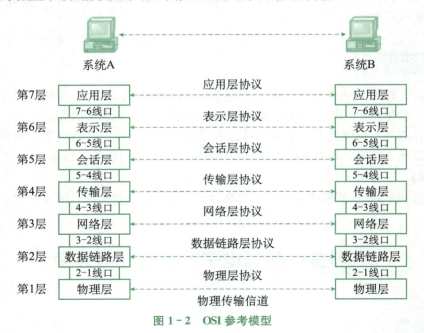

图 1-2　OSI 参考模型

2. 网络协议

网络协议是为在计算机网络中进行数据交换而建立的规则、标准或约定的集合。例如，网络中一个微机用户和一个大型主机的操作员进行通信，由于这两个数据终端所用字符集不同，因此彼此不认识对方所输入的命令。为了能进行通信，规定每个终端都要将各自字符集中的字符变换为标准字符集中的字符后，才能进入网络传送，到达目的终端之后，再变换为该终端字符集中的字符。

（1）TCP/IP 协议。

TCP/IP 字面上代表了两个协议：TCP（传输控制协议）和 IP（网际协议）。1983 年 1 月 1 日，在互联网的前身（ARPA 网）中，TCP/IP 协议取代了旧的网络控制协议（Network Control Protocol，NCP），成为今天的互联网的基石。OSI 参考模型七个层次的功能及对应的 TCP/IP 协议如表 1-1 所示。

表 1-1　OSI 参考模型七个层次的功能及相应的 TCP/IP 协议

OSI 参考模型	功能	TCP/IP 协议
应用层	文件传输，电子邮件，文件服务，虚拟终端	TFTP，HTTP，SNMP，FTP，SMTP，DNS，RIP，Telnet
表示层	数据格式化，代码转换，数据加密	没有协议
会话层	解除或建立与别的接点的联系	没有协议
传输层	提供端对端的接口	TCP，UDP
网络层	为数据包选择路由	IP，ICMP，OSPF，BGP，IGMP，ARP，RARP
数据链路层	传输有地址的帧，错误检测功能	SLIP，CSLIP，PP，MTU，ARP，RARP
物理层	以二进制数据形式在物理媒体上传输数据	ISO2110，IEEE802，IEEE802.2

（2）IP 地址与域名标准。

IP 地址是一个 32 位的二进制数，通常被分割为 4 个"8 位二进制数"（就是 4 个字节）。IP 地址通常用"点分十进制"表示成"a.b.c.d"的形式，其中，a、b、c、d 都是 0～255 之间的十进制整数。如点分十进制 IP 地址"100.4.5.6"，实际上是 32 位二进制数。为了便于寻址以及层次化构造网络，每个 IP 地址包括两个标识码，即网络 ID 和主机 ID。同一个物理网络上的所有主机都使用同一个网络 ID，网络上的一个主机（包括工作站、服务器和路由器等）有一个主机 ID 与其对应。因特网架构委员会定义了 5 种 IP 地址类型以适合不同容量的网络，即 A 类～E 类。其中 A、B、C 三类由国际互联网信息中心在全球范围内统一分配，D、E 两类为特殊地址。A、B、C 三类网络的最大网络数、最大主机数及 IP 地址范围如表 1-2 所示。

表 1－2　A、B、C 三类网络的最大网络数、最大主机数及 IP 地址范围

网络类别	最大网络数	最大主机数	IP 地址范围	私有 IP 地址范围
A	126（2^7-2）	16 777 214	0.0.0.0～127.255.255.255	10.0.0.0～10.255.255.255
B	16 384（2^{14}）	65 534	128.0.0.0～191.255.255.255	172.16.0.0～172.31.255.255
C	2 097 152（2^{21}）	254	192.0.0.0～223.255.255.255	192.168.0.0～192.168.255.255

二、电子商务的社会环境

电子商务的发展离不开经济环境、政策与法律环境的影响。

1. 电子商务的经济环境

电子商务的经济环境可以从宏观和微观两个层面来考察，宏观经济环境主要包括国民经济总体状况、经济体制、产业状况、就业状况和通货状况等；微观经济环境主要包括企业内部环境、企业面对的微观市场环境及企业面临的消费需求。

（1）电子商务的宏观经济环境。

电子商务业务在我国开展得如火如荼，国家统计局数据显示，2022 年，全国电子商务交易额达 43.83 万亿元，同比增长 3.5%。网络零售继续保持增长，成为扩大内需、拓展消费的重要力量。截至 2022 年 12 月，我国网络购物用户规模达 8.45 亿，较 2021 年 12 月增长 319 万，占网民整体的 79.2%。

国民经济重点行业和骨干企业电子商务应用不断深化，网络化生产经营与消费方式逐渐形成。面向消费者的电子商务模式日益创新，基于网络的数字化产品与服务不断涌现，丰富了人民群众的物质和文化生活。互联网发展水平与经济发展水平呈正比例关系。东中部互联网普及率相对高的地区人均收入较高，经济发展良好，第三产业占 GDP 比重较高，城市化进程快，交通便利，制造业相对发达，金融体系较为完善，因此在东中部这些地区发展电子商务具有很大的市场潜力。

（2）电子商务的微观经济环境。

电子商务的微观经济环境是以从事电子商务活动的个体为考察对象的。这些个体可以是机构、企业或个人，其中最为重要的是企业组织，考察的环境包括企业的内部环境、企业面临的微观市场环境以及企业面对的消费需求，即企业经济环境、市场经济环境和消费者经济环境。

企业信息化是发展电子商务的前提条件。企业信息化是指企业在生产、经营、管理和决策过程中，不断开发和广泛运用信息和网络科学技术，使企业经济效益和竞争能力不断提高，而不仅仅是在现在的运行过程中增设一套并行的信息设施。企业信息化的内容包括产品设计信息化、经营管理信息化、决策信息化和人力资源培养信息化等诸多方面。

金融信息化是发展电子商务的关键。金融信息化是指金融机构在为客户提供金融服务和进行经营管理的过程中，通过对信息资源的深入开发和广泛运用，使金融服务更加

及时、便捷、安全、多功能和全球化。在金融信息化的条件下，金融机构通过信息网络开展业务。金融信息化使网上银行应运而生，电子化票据、电子化现金把理想的"瞬间传递"变为现实，而且大幅度提高了银行服务的准确性和精确度，提高了银行的服务质量，这也是金融业新的增长点。

2. 电子商务的政策与法律环境

2004 年 8 月 28 日，中华人民共和国第十届全国人大常委会第十一次会议通过了《中华人民共和国电子签名法》（以下简称《电子签名法》），并于 2005 年 4 月 1 日开始实施。

《电子签名法》首次承认可靠电子签名与手写签名或盖章具有同等的法律效力，并明确了电子认证服务的市场准入制度。它的出台是中国电子商务发展的里程碑，极大地改善了中国电子签名应用的法制环境。

2005 年 2 月 8 日，作为《电子签名法》的一个重要配套规章，《电子认证服务管理办法》以信息产业部部令的形式发布。2009 年 2 月 18 日，工业和信息化部公布了新的《电子认证服务管理办法》。《电子认证服务管理办法》是《电子签名法》授权制定的、与《电子签名法》配套施行的部门规章，具有重要的法律效力和作用。《电子认证服务管理办法》以电子认证服务机构为主线，重点围绕电子认证机构的设立、电子认证服务行为的规范、对电子认证服务提供者实施监督管理等内容做出明确、具体的规定，主要包括电子认证服务许可证的发放和管理、电子认证服务行为规范、暂停或者终止电子认证服务的处置、电子签名认证证书的格式和安全保障措施、监督管理和对违法行为的处罚等内容。

2018 年 8 月 31 日，第十三届全国人大常委会第五次会议表决通过《中华人民共和国电子商务法》。该法是我国电子商务发展史上的里程碑，为电子商务由高速增长迈进高质量发展的新时代提供了有力的法律保障。

📇 **任务实施**

通过本任务的学习，王新能分析电子商务的网络环境和社会环境。请将分析结果填入下表。

网络环境	社会环境

分析提醒：

1. 网络环境，包括网络基础设施、应用开发技术、数据库技术和文件管理技术、安全认证、支付服务、CA 认证和商品目录服务等，也包括各种应用平台、技术标准和网络协议。

2. 本书中所指的社会环境主要是有宏观和微观的经济环境，以及电子商务的政策与法律环境。宏观经济环境主要包括国民经济总体状况、经济体制、产业状况、就业状况和通货状况等；微观经济环境主要包括企业内部环境、企业面对的微观市场环境及企业面临的消费需求。

同步训练

2018 年，抖音只是一个不起眼的"新兵"。2020 年，抖音正式发力电商，如今抖音电商距离电商平台"新一极"不再遥远。2021 年，相比传统电商平台，商品交易总额（GMV）阿里巴巴为 8.1 万亿元，京东为 3.29 万亿元，抖音电商为 7 300 亿元。抖音电商的成长速度，已经超过了上一代电商"红人"拼多多。实现 7 300 亿元 GMV，拼多多用了近 4 年时间，抖音只用了不到 2 年。这种速度吸引商家蜂拥而至。对于一些商家，抖音已经不再是一个广告营销平台，而是成为能卖货、能有新增销量的重要电商平台。

2022 年，因为新冠疫情影响，抖音电商增速不及 2021 年，但依旧是"6·18"期间电商行业"最靓的仔"。抖音电商用了 2 年，做到了传统电商平台 10 年才能达到的规模。它的崛起顺应当下的大势，或许代表了电商的下一个方向。

【问题】

请上网查找关于抖音电商的资料，分析抖音电商为何能在短时间内快速崛起。

▶ 任务四 学习电子商务与传统商务的比较

任务导入

通过上一任务的学习，王新对于电子商务的支撑环境已经有了基本的认识，明白了电子商务是从技术到一般服务层次所应具备的完整的运作基础，需要有相应层面的基础设施和众多支撑条件构成的环境要素，与传统商务有着极大的区别。为了能够更加深入了解电子商务与传统商务的区别，老师安排了一个新的任务，让王新上淘宝网，观察网站的结构并搜索商品，感受传统商务与电子商务运作过程的不同。

知识探究

电子商务利用网络科技将传统商业活动中商流、物流、资金流、信息流的传递方式进行整合，企业以互联网、企业内部网或外部网直接与分布于各地的客户、员工、经销商及供应商传递重要的信息，创造更具竞争力的经营优势。

一、传统商务与电子商务的运作过程

在传统商务中，企业可以利用电话、传真、信函和传统媒体来实现商务交易和管理过程。企业能够通过传统手段进行市场销售、广告宣传、获得营销信息、接收订货信息、确认购买、支付款项、为客户提供服务和支持等。传统商务的运作过程如图1-3所示。

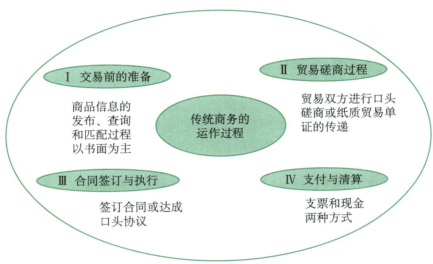

图1-3 传统商务的运作过程

在电子商务中，企业可以利用计算机技术、网络技术和远程通信技术，实现整个商务（买卖）过程的电子化、数字化和网络化。电子商务的运作过程如图1-4所示。

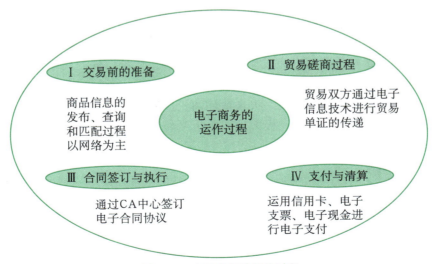

图1-4 电子商务的运作过程

二、电子商务的特点

1. 交易无纸化、数字化、虚拟化

（1）无纸化。以"电子媒介"取代传统的"纸质媒介"，实行无纸化商务。

（2）数字化。与商务活动相关的各种信息都以数字形式被采集、存储、处理和传输。

（3）虚拟化。"面对面"交易变为"机对机交易"，在互联网上进行，跨越了时空的界限。

2. 交易成本低

电子商务使得买卖双方的交易成本大大降低，具体表现在：

（1）距离越远，在网络上进行信息传递的成本相对于信件、电话、传真而言就越低。此外，缩短时间及减少重复的数据录入也降低了信息成本。

（2）买卖双方通过网络进行商务活动，无须中介者参与，减少了交易的有关环节。

（3）卖方可通过互联网进行产品介绍、宣传，避免了在传统方式下做广告、发印刷品等的大量费用。

（4）电子商务实行"无纸贸易"，可减少90％的文件处理费用。

（5）互联网使买卖双方即时沟通供需信息，使无库存生产和无库存销售成为可能，从而使库存成本降为零。

（6）企业利用内部网可实现"无纸办公"，提高内部信息传递的效率，节省时间，并降低管理成本。通过互联网把公司总部、代理商以及分布在各地的子公司、分公司联系在一起，及时对各地市场情况做出反应，即时生产，即时销售，降低存货费用，利用高效快捷的配送公司提供交货服务，从而降低产品成本。

3. 交易效率高

由于互联网将贸易中的商业报文标准化，使商业报文能在世界各地瞬间完成传递与计算机自动处理，因此原料采购、产品生产、需求与销售、银行汇兑、保险、货物托运及申报等过程可在最短的时间内完成而无须人员干预。传统贸易方式中，用信件、电话和传真传递信息必须有人的参与，且每个环节都要花费不少时间。有时由于人员合作和工作时间的问题，会延误传输时间，失去最佳商机。电子商务克服了传统贸易方式费用高、易出错、处理速度慢等缺点，极大地缩短了交易时间，使整个交易过程变得快捷与方便。

4. 交易透明化

电子商务使得买卖双方交易的洽谈、签约以及货款的支付、交货通知等整个交易过程都在网络上进行。通畅、快捷的信息传输可以保证各种信息之间互相核对，防止伪造信息的流通。例如，在典型的许可证 EDI（电子数据交换）系统中，由于加强了发证单位和验证单位的通信、核对，假的许可证就不易漏网。海关 EDI 也可帮助杜绝边境的假出口、兜圈子、骗退税等行为。

三、电子商务与传统商务的区别

电子商务与传统商务相比，两者的主要区别如表1-3所示。

表1-3 电子商务与传统商务的主要区别

项目	电子商务	传统商务
流通渠道	企业—顾客	企业—批发商—零售商—顾客
交易对象	全球的顾客	部分地区的顾客
交易时间	24小时	规定的营业时间内
顾客方便度	顾客按自己的方式无拘无束地购物	受时间与地点的限制
销售地点	虚拟空间（Cyber Space）	实体销售空间（店铺）
销售方法	透明、自由购买	通过各种关系买卖
营销活动	一对一营销、个性化营销	销售商的单方营销
顾客需求	能够迅速捕捉顾客的需求，及时应对	需长时间掌握顾客的需求

任务实施

通过本任务的学习，王新更加深入地了解了电子商务与传统商务的区别。根据老师安排的任务，王新上淘宝网，观察网站的结构并搜索商品，填写下表，感受传统商务与电子商务运作过程的不同。

运作过程	传统商务	电子商务
交易前的准备（即商品信息的发布、查询和匹配的过程）		
贸易磋商		
合同与执行		
支付与结算		

分析提醒：

1. 传统商务的交易前准备是以书面为主，贸易双方进行口头磋商或纸质贸易单证的传递，以签订合同或者口头协议形成交易关系，并用支票或者现金进行支付结算。

2. 电子商务通过网络发布商品信息，买方也是通过网络查询商品信息，双方通过电子信息进行贸易单证的传递，通过CA中心签订电子合同，运用电子支票、信用卡、电子现金进行电子支付。

■》同步训练

新的电子商务手段：二维码

二维码是使特定的几何图形按一定规律分布在平面上（二维方向上）而形成的黑白相间的矩形方阵。它是记录数据符号信息的新一代条码技术，由一个二维码矩阵图形和一个二维码号以及下方的说明文字组成。通过专用读码设备或者智能手机就能读取二维码中的大量信息。现在二维码的作用正在被不断挖掘，在电子票务、电子优惠券、电子VIP、积分兑换等方面，二维码都能发挥很大的作用。

二维码的技术门槛不高，应用前景非常广阔。除我们熟悉的用手机二维码获取商家服务（比如商家把二维码发到用户的手机，用户可凭二维码到店消费获取优惠）外，二维码还凭借储存量大、纠错能力强、识读速度快、抗损性强以及保密性好、防伪性好等优点，在产品溯源、物流跟踪、防伪、防窜货和会员管理、精准营销、召回等各个环节发挥重要作用。

【问题】

查找身边的二维码，说说它们的作用。

⚙ 德技并修

"菁英创未来·幸福青浦数字乡村"首发仪式正式上线

2022年11月4日，"菁英创未来·幸福青浦数字乡村"元宇宙乡村振兴首区启动数字乡村通行证首发仪式。活动发布四款"绿色青浦数字乡村通行证"数字藏品，分别为《青浦薄稻米》《练塘茭白》《放生桥》《元荡慢行桥》，让用户通过数字艺术藏品了解青浦的发展变迁、文化风貌、特色产品，为实体经济引流赋能，为乡村＋数藏的深度融合提供战略性参考价值。

该项目的初衷是在"新赛道"上再建新功。数字经济的发展离不开实体产业的基础，党的二十大报告中提到"确保中国人的饭碗牢牢端在自己手中"，本次公益创客项目签约基地今粹农业专业合作社也积极参与其中。今粹农业专业合作社毗邻美丽的水乡，自2016年创立以来，在青浦拥有1 600多亩的绿色农业科技示范基地，致力于农业科技产业研发和生产，重点研发、栽培、种植和销售优质、安全、新鲜的江南水乡稻米。

该项目围绕国家乡村振兴战略目标，是面向全球连接实体经济，致力于数字文博、智慧文旅、数字人文、数藏发行、创意设计及策划执行的元宇宙平台，也是面向全球连接实体经济的电商平台，目的是让更多女性、家庭、创客，特别是年青一代参与乡村振兴的共创共建共治共享。

思政点拨：

党的二十大报告提出"全面建设社会主义现代化国家"，最艰巨最繁重的任务仍然在农村。我们必须坚持农业农村优先发展，畅通城乡要素流动，加快建设农业强国。在这一过程中，新农人要充分利用电商优势，推动乡村产业、人才、文化、生态、组织振兴，为国家乡村振兴战略做出贡献。

考证园地

一、单选题

1. 亚马逊属于（ ）类型的 B2C 电子商务企业。（"电子商务师"考证真题）

A. 经营着离线商店的零售商　　　　　B. 没有离线商店的虚拟零售企业

C. 商品制造商　　　　　　　　　　　D. 网络交易服务公司

2. 海尔集团属于（ ）类型的 B2C 电子商务企业。

A. 经营着离线商店的零售商　　　　　B. 没有离线商店的虚拟零售企业

C. 商品制造商　　　　　　　　　　　D. 网络交易服务公司

3. 下列说法正确的是（ ）。（"电子商务师"考证真题）

A. 消费者对消费者电子商务简称为 B2B。

B. 电子商务较之传统商业具有使用和交易更为复杂的特点。

C. 电子商务将对人类社会产生重要的影响，包括改变了需求结构。

D. "电子商务就是在互联网开放的网络环境下，基于浏览器/服务器应用方式，实现消费者的网上购物、商户之间的网上交易、在线电子支付以及有关方的网络服务的一种新型的商业运营模式"这一表述是行内对电子商务比较常见的表述。

二、多选题

1. 下列说法正确的是（ ）。（"电子商务师"考证真题）

A. 电子商务系统的框架结构的主体 4 层，自下而上的顺序是网络层、传输层、服务层、应用层。

B. 电子商务的社会环境包括公共政策、法律法规以及安全协议、技术标准两大方面。

C. 电子商务系统的框架结构中的服务层又称为电子商务平台。

D. 电子商务的安全协议不包括 S/MIME。

2. 下列说法正确的是（ ）。（"电子商务师"考证真题）

A. 电子商务的交易过程同传统商业很相似，先后都要经历五个阶段。但是两者所采用的技术手段、所运用的管理模式有很大的差异，最终的效果则显然不同。

B. 电子商务一般的交易过程中，"信用卡申请、账号及密码交验、支付能力查证、支付信誉查证、付款通知、转账通知等的手续"，这些行为属于"洽谈和签订合同"阶段。

C. 电子商务交易的五个阶段都充分体现对信息流、资金流和物流的科学管理。

D. 电子商务一般的交易过程中，"买方通过互联网和其他电子商务网络（各种增值网），寻找所需的商品和商家，发出询价和查询信息，收集相关信息，进行市场调查和分析，制订和修改购货、进货计划，比较选择，做出购买决策，审批计划，筹划货款等"，这些行为属于"交易前准备"阶段。

三、案例分析

苏宁易购开创电商直播新模式，提升全场景服务能力

当前，电商直播成为电商行业的新风口，近期落地的"趣逛逛"，是苏宁易购全球首

家可以在线逛的潮流直播门店，同时也是苏宁易购首个落地的直播基地。"趣逛逛"整合当下直播销售和主播孵化，融入商业实体，让消费者在实现碎片化逛街的同时，获得所见即所得的购物体验。

"双十一"期间，苏宁易购针对消费者多样化的需求，打造"直播金字塔"，推出超级秀、超级买手直播、IP大咖直播、主题直播、品牌直播及各类店播和村播，共计5万多场。

苏宁易购平台运营集团直播运营中心副总经理表示，通过直播，苏宁易购将线下场景进行数字化改造并与线上场景有机融合，更好地满足不断升级的消费需求。未来，苏宁还将利用5G、虚拟现实等技术深耕更多消费场景，提升全场景服务能力。

（资料来源：苏宁易购开创电商直播新模式，提升全场景服务能力．央视网，2020-11-01．）

问题：

1. 苏宁易购大力发展直播电子商务的原因是什么？
2. 电子商务的发展趋势有哪些？

项目二

电子商务网络技术基础

▶ 情境导入 ||

通过上一项目的学习，王新对电子商务的定义、特点以及组成要素和支撑环境有了一定的了解。但是对于电子商务所涉及的网络技术还是不理解。为了帮助王新了解网络技术的基础知识，老师给王新布置了学习任务，希望通过这些任务加强王新对电子商务网络技术的基础知识的了解与掌握。

学习目标 ||

● 知识目标
1. 了解计算机网络基础知识。
2. 了解互联网基础知识。
3. 掌握互联网的应用及特点。
4. 了解域名与网站相关知识。

● 技能目标
1. 通过域名的学习，具备区分不同类型域名的能力。
2. 能够进行域名的申请注册。

● 素养目标
自觉守法，营造绿色健康的网络环境。

项目案例 ||

随着计算机网络技术的飞速发展，我国网民规模持续扩大，众多行业享受着网络新时代的"红利"。截至 2022 年 12 月，我国网民规模达 10.67 亿，较 2021 年 12 月增长 3 549 万，互联网普及率达 75.6%，较 2021 年 12 月提升 2.6 个百分点。截至 2022 年 12 月，我国手机网民规模达 10.65 亿，较 2021 年 12 月增长 3 636 万，网民使用手机上网的比例为 99.8%。如今，人们的工作、生活、学习和娱乐在很大程度上不再受地理环境的限制，大部分可在家中进行，也即人们的就业方式、生产方式、工作方式、学习方式以至生活方式都在发生深刻的变化。光纤、数据通信、卫星通信和移动通信等现代信息技

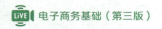

术使世界范围内的交流变得更加方便，真正实现所谓的"天涯若比邻"。

▶ 任务一　学习计算机网络基础知识

📹 任务导入

项目案例中提到计算机网络技术的飞速发展，使得世界范围内的交流变得更加方便。老师让王新思考：计算机网络是如何实现的？

◎ 知识探究

电子商务兴起的一个重要原因就是以计算机和网络系统为代表的信息管理科学的发展，特别是 20 世纪 90 年代以来互联网的迅速发展，为电子商务系统的发展提供了直接的技术基础和条件。

一、计算机网络的基本概念

计算机网络是计算机技术和通信技术紧密结合的产物，是指把分布在不同地理位置上的具有独立功能的多台计算机、终端及其附属设备在物理上互联，按照网络协议进行通信，以共享硬件、软件和数据资源。

二、计算机网络的产生和发展

1. 计算机网络的产生

1946 年世界上第一台电子计算机诞生，从而开创了向信息社会迈进的新纪元。20 世纪 50 年代，美国利用计算机技术建立了半自动化的地面防空系统（SAGE），它将雷达信息和其他信号经远程通信线路送至计算机进行处理，第一次利用计算机网络实现了远程集中控制，这是计算机网络的雏形。

2. 计算机网络的发展

随着计算机技术和通信技术的不断发展，计算机网络也经历了从简单到复杂、从单机到多机的发展过程，其发展过程大致可分为以下 5 个阶段。

（1）具有通信功能的单机系统阶段。

该系统又称终端-计算机网络，是早期计算机网络的主要形式。它是将一台计算机经通信线路与若干终端直接相联，如图 2-1 所示。

（2）具有通信功能的多机系统阶段。

在简单的"终端-通信线路-计算机"这样的单机系统中，主计算机负担较重，既要

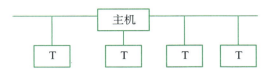

图 2-1　终端-计算机网络模型（T 代表终端）

进行数据处理，又要承担通信功能。为了减轻主计算机的负担，20 世纪 60 年代出现了在主计算机和通信线路之间设置通信控制处理机（或称为前端处理机，简称前端机）的方案，前端机专门负责通信控制。此外，在终端聚集处设置多路器（或称集中器），组成终端群低速通信线路-集中器-高速通信线路-前端机-主计算机结构，如图 2-2 所示。

图 2-2　具有通信功能的多机系统模型（T 代表终端）

（3）以共享资源为主要目的的计算机网络阶段（计算机-计算机网络）。

计算机-计算机网络是 20 世纪 60 年代中期发展起来的，它是由若干台计算机相互连接组成的系统，即利用通信线路将多台计算机连接起来，实现了计算机与计算机之间的通信，如图 2-3 所示。

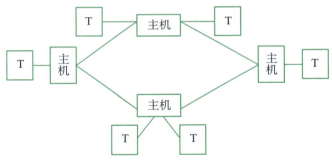

图 2-3　计算机网络模型（T 代表终端）

1969 年美国国防部的高级研究计划署成功研制了世界上第一个计算机网络——ARP-Anet（阿帕网），该网络是一个典型的以实现资源共享为目的的计算机-计算机网络，它为计算机网络的发展奠定了基础，成为今天互联网的前身。

这一阶段的计算机网络结构的主要特点是：以通信子网为中心，多主机多终端。ARPAnet 是这一阶段的代表。

（4）标准、开放的计算机网络阶段。

局域网是继远程网之后发展起来的小型计算机网络，它继承了远程网的分组交换技术和计算机的 I/O 总线结构技术，并具有结构简单、经济实用、功能强大和方便灵活等特点。

20 世纪 70 年代末至 80 年代初，微型计算机得到了广泛应用。各机关和企事业单位为了适应办公自动化的需要，迫切要求将自己拥有的为数众多的微机、工作站、小型机等连接起来，以达到资源共享和相互传递信息的目的，而且迫切要求降低联网费用、提高数据传输效率，因此有力地推动了计算机局域网的发展。

此外，局域网的发展也导致了计算机模式的变革。早期的计算机网络是以计算机为中心的，主要强调对计算机资源的共享，主计算机在计算机网络系统中处于绝对的支配地位，计算机网络的控制和管理功能都是集中式的，也称为集中式计算模式。由于微机是构成局域网的基础，特别是随着个人计算机（PC）功能的增强，用户个人就可以在微机上进行作业，PC 方式呈现出的计算能力已使其发展成为独立的平台，从而导致了一种新的计算结构——分布式计算模式的诞生。这个时期，虽然不断出现的各种网络极大地推动了计算机网络的应用，但是众多不同的专用网络体系标准给不同网络间的互联带来了很大的不便。鉴于这种情况，国际标准化组织（ISO）成立了专门的机构从事"开放系统互联"问题的研究，目的是设计一个标准的网络体系模型。1984 年 ISO 颁布了"开放系统互联基本参考模型"，这个模型通常被称作 OSI 模型。只有标准的才是开放的，OSI 模型的提出引导着计算机网络走向开放的标准化的道路，同时也标志着计算机网络的发展步入了成熟阶段。

（5）高速、智能的计算机网络阶段。

近年来，随着通信技术，尤其是光纤通信技术的发展，计算机网络技术得到了迅猛的发展。光纤作为一种高速率、高带宽、高可靠性的传输介质，在各国的信息基础建设中使用越来越广泛，这为建立高速的网络奠定了基础。千兆位乃至万兆位传输速率的以太网已经被越来越多地用于局域网和城域网中，而基于光纤的广域网链路的主干带宽也已达到数量级。网络带宽传输速率的不断提高，更加刺激了网络应用的多样化和复杂化，多媒体应用在计算机网络中所占的份额越来越高。同时，用户不仅对网络的传输带宽提出越来越高的要求，对网络的可靠性、安全性和可用性等也提出了新的要求。为了向用户提供更高质量的网络服务，网络管理也逐渐进入了智能化阶段，包括网络的配置管理、故障管理、计费管理、性能管理和安全管理等在内的网络管理任务都可以通过智能化程度很高的网络管理软件来实现。计算机网络已经进入了高速、智能化的发展阶段。

三、计算机网络的组成

计算机网络由以下 3 个部分组成：计算机（服务器、工作站）、外围设施（连接设备、传输介质）、通信协议（网络中的计算机相互之间进行通信必须遵循的规则、约定）。

在计算机网络中用来传递信息的部分称为通信子网，用来请求或提供各种服务的部分称为资源子网。简单地说，资源子网就是通信子网所传递的信息的拥有者（客户计算机、服务器），而通信子网就是信息资源传递的媒介（通信线路和网络互联设备等）。资源子网与通信子网的关系如图 2-4 所示。

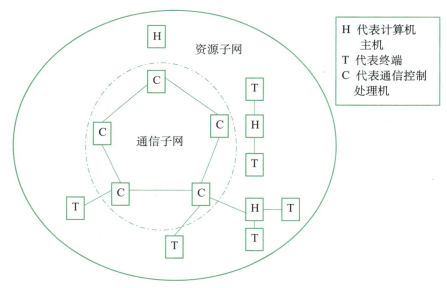

图 2-4 资源子网与通信子网的关系

四、计算机网络的分类

1. 按网络的作用范围分类

（1）局域网。

局域网作用范围小，在计算机数量配置上没有太多的限制，少的可以只有两台，多的可达几百台。一般来说，在企业局域网中，工作站的数量为几十台到两百台。网络所涉及地理距离一般可以是几米至 10 千米。局域网一般位于一个建筑物或一个单位内，不存在寻径问题，不包括网络层的应用。目前，常见的局域网速率有 10Mb/s。

（2）城域网。

城域网作用范围为一个城市，地理范围为 5 千米至 10 千米，传输速率在 1Mb/s以上。

（3）广域网。

广域网作用的范围很大，可以是一个地区、一个省、一个国家乃至跨国范围，地理范围一般在 10 千米以上，传输速率较低，一般小于 0.1Mb/s。

2. 按网络的使用者分类

（1）公用网。

公用网是为公众提供各种信息服务的网络系统，如互联网。只要用户能够遵守网络服务商的使用和管理规则，都可以申请使用。

（2）专用网。

专用网由组织、系统或部门根据实际需要自己投资建立，只为内部用户提供服务。如军队、公安、铁路等系统均有自己的专用网。

五、计算机网络的通信协议

1. 通信协议的概念

通信协议是联网的实体之间用来保证相互通信的规则、约定。

2. 通信协议的内容

计算机网络通信协议的内容包括：什么时候开始通信、采用什么样的数据、按什么顺序交换数据、数据如何编码、数据表示什么意义、出现差错时如何处理、如何协调发送和接收数据的速度、如何为数据选择传输路径。

3. 通信协议的三要素

（1）语法。

语法指数据与控制信息的结构或格式，确定通信时采用的数据格式、编码及信号电平等。

（2）语义。

语义由通信过程的说明构成，它规定了需要发出何种控制信息、完成何种控制动作以及做出何种应答，对发布请求、执行动作以及返回应答予以解释，并确定用于协调和差错处理的控制信息。

（3）定时。

定时也称为同步或时序关系，是对事件实现顺序的详细说明，指出事件的顺序以及速度匹配和排序。

▷ 任务实施

通过本任务的学习，王新了解到计算机网络技术的飞速发展，使得世界范围内的交流变得更加方便。王新思考老师提出的问题：计算机网络是如何实现的呢？我们一起来回顾所学内容并分析。请将分析结果填入下表。

| |
| |

分析提醒：

计算机网络是计算机技术和通信技术紧密结合的产物，是指把分布在不同地理位置上的具有独立功能的多台计算机、终端及其附属设备在物理上互联，按照网络协议进行通信，以共享硬件、软件和数据资源。计算机网络由以下 3 个部分组成：计算机（服务器、工作站)、外围设施(连接设备、传输介质)、通信协议(网络中的计算机相互之间进行通信必须遵循的规则、约定)。而光纤、数据通信、卫星通信和移动通信等现代信息技术将使世界范围内的交流变得更加方便。

同步训练

常见的网络协议有:TCP/IP 协议、UDP 协议、HTTP 协议、FTP 协议、Telnet 协议、SMTP 协议、NFS 协议等。

【问题】

上网查找 TCP/IP 协议、HTTP 协议这两种协议的具体内容及作用。

▶ 任务二 了解互联网

任务导入

通过上一任务的学习,王新对于计算机网络的概念、组成、分类及发展阶段已经有了基本的认识,但是对项目案例中"众多行业是如何享受网络新时代的'红利'"存在疑惑。老师安排了一个新的任务,让王新通过本任务的学习,探究互联网为何能让众多企业享受"红利"。

知识探究

电子商务与互联网有着密不可分的关系,两者相互关联,相辅相成。

一、互联网的概念

互联网是计算机交互网络的简称,又称网间网。它是利用通信设备和线路将世界上不同地理位置的数以千万计的功能相对独立的计算机系统互联起来,以功能完善的网络软件(网络通信协议、网络操作系统等)实现网络资源共享和信息交换的数据通信网。互联网的逻辑结构如图 2-5 所示。

二、互联网的产生和发展

1. 互联网的产生

互联网的前身是 ARPAnet,隶属于美国国防部,于 1969 年投入使用。当时,该网络是由 4 个节点组成的包交换网络,其主要目的是验证远程分组交换网的可行性。

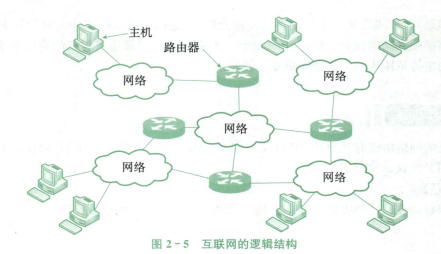

图 2 - 5 互联网的逻辑结构

2. 互联网的发展

（1）起步阶段。

起步阶段的互联网以 ARPAnet 为主干网。

ARPAnet 主要用于军事研究，它主要是基于这样的指导思想：网络必须经受得住故障的考验而能维持正常的工作，一旦发生战争，当网络的某一部分因遭受攻击而失去工作能力时，网络的其他部分应能维持正常的通信工作。ARPAnet 在技术上的另一个重大贡献是 TCP/IP 协议的开发和利用。作为互联网的早期主干网，ARPAnet 的试验奠定了互联网存在和发展的基础，较好地解决了异种机网络互联的一系列理论和技术问题。

（2）发展阶段。

1983 年，ARPAnet 分裂为两部分：ARPAnet 和纯军事用网络系统（MILnet）。同时，局域网和广域网的产生与蓬勃发展对互联网的进一步发展起了重要作用。其中最引人注目的是美国国家科学基金会（NSF）建立的 NSFnet。NSF 在全美建立了按地区划分的计算机广域网，并将这些地区网络和超级计算机中心互联起来。NSFnet 于 1990 年 6 月彻底取代了 ARPAnet 而成为互联网的主干网。

（3）商业化阶段。

商业机构一踏入互联网的网络世界，就很快发现了它在通信、资料检索、客户服务等方面的巨大潜力，于是世界各地的无数企业纷纷涌入互联网，带来了互联网发展史上的一个新的飞跃。

三、互联网的组成

互联网主要由 4 个部分组成：主机、路由器、通信线路、信息资源。

四、互联网的应用

1. 电子邮件

电子邮件是一种用电子手段进行信息交换的通信方式，是互联网应用最广的服务。

通过网络的电子邮件系统，用户可以以非常低廉的价格（不管发送到哪里，都只需负担网费）、非常快的速度（几秒钟之内可以发送到世界上任何指定的目的地），与世界上任何一个角落的网络用户联系。

电子邮件可以是文字、图像、声音等多种形式。同时，用户可以得到大量免费的新闻、专题邮件，并轻松地实现信息搜索。电子邮件极大地方便了人与人之间的沟通和交流，促进了社会的发展。

2. 数据检索

互联网上有着非常丰富的信息，涉及人们生活、工作和学习等各方面，且还有相当一部分免费提供的大型数据库。用户可在互联网中查找到最新的科学文献和资料，了解时事新闻和科技动态，也可在互联网上获得休闲、娱乐等方面的服务。

3. 电子公告板

电子公告板是一种发布并交换信息的在线服务系统，人们可利用它在互联网上发布各种内容的专题，以吸引同行和对此专题感兴趣的人来参加讨论和交流信息，从而得到廉价的丰富信息。

4. 远程登录

远程登录指本地计算机能与网络上另一远程计算机取得"联系"，并进行程序交互。进行远程登录的用户叫作本地用户，本地用户登录进入的系统叫作远程系统。

5. 商业应用

世界经济正趋于一体化、区域化，以互联网为载体的电子商务使各国的经济贸易可以完全摆脱时空、语言、文化的束缚，实现全球化协作。

五、互联网的特点

互联网被称为 21 世纪的商业"聚宝盆"，它具有如下特点。

1. 开放性

互联网是世界上最开放的计算机网络。任何一台计算机只要支持 TCP/IP 协议就可以连接到互联网上，实现信息等资源的共享。

2. 免费性

在互联网上虽然有一些收费服务，但绝大多数的互联网服务是免费的，而且在互联网上有许多信息和资源也是免费的。

3. 自由性

互联网是一个无国界的虚拟自由王国，在互联网上，信息流动自由、用户言论自由、用户使用自由。

4. 平等性

互联网"不分等级"，信息沟通双方可以平等地与另一方进行交互，而不管对方是大还是小、是弱还是强。

5. 交互性

互联网作为平等自由的信息沟通平台，信息的流动和交互是双向式的。

6. 合作性

互联网是一个没有中心的自主式的开放组织。互联网上的发展强调的是资源共享和双赢发展的模式。

7. 个性

互联网引导的是个性化的时代，只有有特色的信息和服务，才能在互联网上不被信息的海洋所淹没。

8. 虚拟性

互联网的一个重要特点是虚拟性，它通过对信息的数字化处理，以信息的流动来代替传统实物的流动。

9. 持续性

互联网如同一个飞速旋转的涡轮，它的发展是持续的，今天的发展给用户带来价值，促使用户为寻求更多价值而推动互联网的进一步发展。

10. 全球性

互联网从一开始商业化运作，就表现出无国界性，信息流动是自由的、无限制的。因此，互联网从一诞生就是全球性的产物，当然全球化的同时并不排除本地化。

▶ 任务实施

王新通过本任务的学习，探究互联网为何能让众多企业享受"红利"。让我们一起来分析，请将分析结果填入下表。

| |
| |

分析提醒：

互联网是计算机交互网络的简称，又称网间网，是利用通信设备和线路将世界上不同地理位置的数以千万计的功能相对独立的计算机系统互联起来，以功能完善的网络软件（网络通信协议、网络操作系统等）实现网络资源共享和信息交换的数据通信网。它具有开放性、免费性、自由性、平等性、交互性、合作性、个性、虚拟性、持续性、全球性等特点，众多企业可以完全摆脱时空、语言、文化的束缚，实现全球化协作。

同步训练

美团外卖是美团旗下的网上订餐平台，于 2013 年 11 月正式上线。截至 2021 年 12 月 31 日，美团交易用户数为 6.9 亿。2021 年，美团实现营业收入 1 791 亿元，比 2020 年的 1 148 亿元增长 56%。美团收入构成中，主要包括餐饮外卖 963 亿元，到店、酒店及旅游 325 亿元、新业务及其他收入约 503 亿元。疫情期间，点外卖成了很多人的"刚需"，美团的外卖"成绩单"尤其引人关注。美团表示，中国经济是一片澎湃的大海，美团会坚定不移地履行平台责任，加大科技投入，继续拓展业务，围绕零售＋科技战略，深耕中国市场，为商家、用户、骑手等生态伙伴创造更多价值。

【问题】

1. 上网查找关于美团的发展历程，提高对互联网的运用能力。
2. 分析美团能在餐饮市场独占鳌头的原因。

▶ 任务三　学习域名与网站

任务导入

通过上一任务的学习，王新对于互联网的组成、应用和特点有了基本的认识。为了能够更加深入地学习电子商务网络技术，老师安排了一个新的任务，让王新分析下表中所提到的两个网站的域名。

网站网址	顶级域名	二级域名
https：//www.amazon.com/		
https：//www.baidu.com/		

知识探究

随着互联网的快速发展，优质的域名不断被注册，这使得优质的域名成为一种稀缺资源。好的域名会为企业带来非常可观的流量和目标转化。

一、域名的概念

域名是与互联网协议（IP）地址相对应的一串容易记忆的字符，由若干个英文字母、阿拉伯数字及"-""."等符号构成，并按一定的层次和逻辑排列。

二、域名命名的一般规则

互联网上的各级域名是分别由不同机构管理的，所以各个机构管理域名的方式和域名命名的规则也有所不同。但域名的命名也有一些共同的规则，主要有以下几点。

1. 域名中只能包含以下字符

（1）26 个英文字母。

（2）"0，1，2，3，4，5，6，7，8，9" 10 个数字。

（3）"-" "."。

2. 域名中字符的组合规则

（1）在域名中，不区分英文字母的大小写。

（2）一个域名的长度是有一定限制的。

（3）CN 下域名命名的规则为：

1）遵照域名命名的全部共同规则。

2）早期只能注册三级域名，2002 年 12 月开放了二级域名注册。

3）不得使用或限制使用以下名称：

• 注册含有 "CHINA" "CHINESE" "CN" "NATIONAL" 等的名称，需经国家有关部门（指部级以上单位）正式批准。

• 公众知晓的其他国家或者地区名称、外国地名、国际组织名称不得使用。

• 使用县级以上（含县级）行政区划名称的全称或者缩写，需相关县级以上（含县级）人民政府正式批准。

• 行业名称或者商品的通用名称不得使用。

• 他人已在中国注册过的企业名称或者商标名称不得使用。

• 对国家、社会或者公共利益有损害的名称不得使用。

• 需经国家有关部门（指部级以上单位）正式批准和相关县级以上（含县级）人民政府正式批准的，相关机构要出具书面文件表示同意申请单位注册相应域名。如：要申请 beijing.com.cn 域名，则要提供北京市人民政府的批文。

三、域名的含义

不同后缀的域名有不同的含义，域名系统采用层次结构，各个层次由实点隔开，形成层次字段。域名系统中最靠右的字段称为顶级域名（也称为最高域名段）。

顶级域名可分为机构域名和地理域名，两者的主要区别在于域名划分方式和管理机构不同。

机构域名由三个字母组成，用于表示机构性质，如 COM 表示公司企业、GOV 表示政府机构。

地理域名是由两个字母组成的国家或地区的代码，如 CN 代表中国。世界上每个国家或地区都有自己独一无二的代码。如果一个域名的顶级域名是机构域名，那么我们可称它为国际域名；如果一个域名的顶级域名是地理域名，那么我们可称它为国内域名，如 sina.com 就是一个国际域名，而 sina.com.cn 就是一个国内域名。在具体的地址表示中，从右到左依次为最高域名段、次高域名段等，最左边的一个字段为主机名。

顶级域名机构域名属性对照表如表 2-1 所示。

表 2-1 顶级域名机构域名属性对照表

域名	类型
COM	商业机构
EDU	教育机构
GOV	政府部门
INT	国际性机构
MIL	军队
NET	网络机构
ORG	非营利机构

部分顶级域名地理域名范例对照表如表 2-2 所示。

表 2-2 部分顶级域名地理域名范例对照表

域名	国家	全称
AU	澳大利亚	Australia
CA	加拿大	Canada
CN	中国	China
DE	德国	Deutschland (Germany)
FR	法国	France

四、域名与网站的关系

每个不同的域名都指向一个不同的网站。一个域名往往包含以下信息：

（1）单位名称的中英文缩写。

（2）企业的产品注册商标。

（3）与企业广告语一致的中英文内容，但注意不能超过 20 个字符。

（4）比较有趣的名字，如 helo，howareyou，yes 等。

五、如何保护域名

域名是一种和商标一样宝贵的资源，具有唯一性和有价性。网站的建立都要先从域名开始，好的域名就是一个企业的品牌。当域名被真正利用并发挥出巨大作用的时候，它的价值也就超出了传统意义上的价值。正是因为域名比黄金还要宝贵，所以才被许多不法分子所觊觎，他们试图通过种种非法手段将一些珍贵的域名据为己有，以图暴利。

素养提升

自觉守法，营造绿色健康的网络环境

近日，各大互联网平台陆续上线"显示 IP 属地"功能。根据运营商提供的信息，用

户在发言和分享时会显示所在地，且无法主动关闭相关展示。这个功能的出现，直接让一些"键盘侠"缩起了手，也让一些自称在海外的账号现出了"原形"。与此同时，不少商家打起了付费 IP 代理的主意，提供更改 IP 地址服务的生意悄然兴起。警方提醒：根据《中华人民共和国网络安全法》《中华人民共和国刑法》的相关规定，网络运营者为用户办理网络接入等入网手续，应当要求用户提供真实身份信息；明知他人利用信息网络实施犯罪行为，仍为其犯罪行为提供互联网接入等技术支持的涉嫌帮助信息网络犯罪活动罪。网络空间正能量离不开每一个人的努力，显示 IP 属地让发布地区和发布内容都逐渐透明化，每个人都应自觉崇德守法、理性表达，网络暴力、网络谣言等就难有滋生的土壤，恶意炒作、煽动情绪也就难有生存的空间，网络将会更加天朗气清。

（资料来源：锦州网警巡查执法. 百家号，2022-06-01.）

每年，全国都有成千上万个域名丢失。域名丢失的原因主要有 ID 和域名密码泄露引起的被盗、被黑客盗取、忘记续费、域名纠纷等。为了保护好域名，我们可以采取以下措施：

（1）注册 ID、填写域名注册信息时一定要据实填写，及时缴费确保注册成功，并保管好域名证书。这样，即便域名被盗，仍可以以提交域名证书、个人证件的方式通过域名注册机构进行办理并赎回。

（2）注意保护好个人 ID 密码、域名密码等重要信息，不乱点击注册邮箱邮件中的不明链接，不在网吧等不安全的电脑上登录 ID 进行域名管理。

（3）注意及时续费。注意域名到期日期，及时进行续费，最好在到期前 30 日内进行续费。

（4）企业的域名保护要复杂得多，是一个更为专业的域名保护系统工程。例如：海尔公司的一整套域名保护方案策略和执行都是由中国万网负责的。海尔集团在中国商标局注册了"海尔"和"haier"的商标专用权，在美国也注册了"haier"的商标权。海尔集团在 1997 年已在国际上注册了 www.haier.com 的域名。然而，注册 .com 国际域名只是一个开始，为了保护自己的网上商标不被侵犯，海尔又注册了大量的相关域名，牢牢地将网上商标保护起来。这些域名包括：海尔笔记本.中国；海尔笔记本.网络；海尔笔记本电脑.中国；海尔电器.中国；海尔电子商务.中国；海尔厨房家电.中国；等等。因此客户在 URL（统一资源定位系统）中输入与海尔相关的任何域名，几乎都可以直接到达海尔的官方网站，防止了不法动机者通过注册海尔相关域名混淆视听。

任务实施

通过本任务的学习，王新深入地了解了电子商务网络技术，并分析下表中所提到的两个网站的域名。请将分析结果填入下表。

网站网址	一级域名	二级域名
https：//www.amazon.com/		
https：//www.baidu.com/		

分析提醒:

不同后缀的域名有不同的含义,域名系统采用层次结构,各个层次由实点隔开,形成层次字段。域名系统中最靠右的字段称为顶级域名(也称为最高域名段),因此,网址 https://www.amazon.com/中,.com 是顶级域名,.amazon 是二级域名,网址 https://www.baidu.com/中,.com 是顶级域名,.baidu 是二级域名。

📟)) 同步训练 ▮▮

【问题】

1. 按照所掌握的内容,分析 www.sina.com.cn 这个域名的完整含义。
2. 根据所学内容,上网搜集一些国际域名和国内域名。

🖥 德技并修 ▮▮

田间地头的带货直播

"欢迎大家进入直播间,今晚我们将在这里举行一场特殊的户外直播,在直播间里,大家不但可以了解到我们主推的产品遂溪燕窝果,还会欣赏到一场绝美的灯光秀。遂溪燕窝果不仅味道清甜,口感嫩滑,还具有很高的营养价值,欢迎大家踊跃下单……"2022 年 10 月 15 日傍晚,遂溪县在田间地头举行燕窝果产地带货直播活动。直播中,主播通过网络新媒体平台与广大网友积极互动,除了热情地向网友介绍遂溪燕窝果的种类特点、品质口感等情况外,还不时把镜头拉向直播背景,让网友观赏种植基地灯光璀璨、火树银花的夜间场景。这是遂溪县根据燕窝果的种植场景特点,通过夜间带货直播,探索发展夜间经济的一种尝试。

近年来,广东省湛江市遂溪县电商产业坚持"政府主导、企业运作、平台策划、社会参与"的工作思路,创新"六个一批"模式,着力打造"国字号"电商示范县,实现电商产业从无到有、从有到完善、从完善到区域示范引领。遂溪电商行业迅猛发展,电商已成为遂溪强县富民的支柱新产业,助推县域经济高质量发展。

2018 年以来遂溪县先后荣获广东省电子商务进农村综合示范县、国务院农村电子商务激励县、国家级电子商务进农村综合示范县、全国县域农产品网络零售百强县等称号。2021 年电商网络销售额为 13.6 亿元,同比增长 10.3%;农产品销售总额为 12.4 亿元,同比增长 9.3%。

思政点拨:

党的二十大报告提出:"江山就是人民,人民就是江山。中国共产党领导人民打江山、守江山,守的是人民的心。"一个党员可以带动一群人,而一群人可以带动全村的人,这是遂溪县群众的共识。十余年来,遂溪县依托燕窝果产业,摸索出党建引领电商发展带动乡村振兴的"幸福密码",村民们纷纷走上致富奔康路,掀起了燕窝果种植热潮,一跃成为当地发展"农文旅"融合发展的示范典型。

考证园地

一、单选题

1. 我国的 CN 域名由（　　）负责管理。（"电子商务师"考证真题）

A. CNNET　　　　　　B. ICANN　　　　　　C. ICNET　　　　　　D. CNNIC

2. 以下（　　）是 ICANN 新增加的用来替代 .com、适用于信息服务企业的顶级域。（"电子商务师"考证真题）

A. biz　　　　　　B. pro　　　　　　C. . info　　　　　　D. coop

3. 以下（　　）是互联网的特点。（"电子商务师"考证真题）

A. 不论采用何种协议，任何两台主机之间都可以进行通信

B. 信息容量大，但不便于检索信息

C. 信息可以在全球范围内传播

D. 永远提供最新的信息内容

4. 从 www. nycc. edu. jp 可以看出它是（　　）。（"电子商务师"考证真题）

A. 一个政府组织的站点　　　　　　B. 一个军事部门的站点

C. 一个商业组织的站点　　　　　　D. 一个教育机构的站点

5. 下列关于域名注册的说法，（　　）是不正确的。（"电子商务师"考证真题）

A. 两个企业即使在不同类行业或产品之间也不能使用相同的域名。

B. 根据《中国互联网络域名注册暂行管理办法》的规定，注册时发生相同域名申请时，由 CNNIC 仲裁决定域名归属。

C. 在国内已注册的域名可以变更或撤销，但不能买卖和转让。

D. 一个企业对域名从注册到使用的全过程拥有相应的法律权利，是受到法律保护的知识产权。

二、多选题

1. WWW 的主要特点有（　　）。

A. 信息资源非常丰富　　　　　　B. 易于使用

C. 采用交互式浏览和查询方式　　　　　　D. 可以信息共享

2. 企业内部网的技术优点有（　　）。

A. 安全性能好

B. 只需开发及维护服务器端应用程序，用户界面统一

C. 易于设置、使用和管理

D. 三层体系结构，可伸缩性好

3. 在配置网络服务器时，必须考虑的要点包括（　　）。

A. 数据流量　　　　　　B. 存储容量

C. 安全性　　　　　　D. 稳定性

E. 备份措施

项目三

电子商务交易模式

情境导入

电子商务作为商务活动中新的生产力，使商务生产力的三大要素（工具、劳动对象和劳动者）都发生了革命性的变化，基于这种变化的商务模式也呈现出与以往商务模式不同的一些特点。通过前面两个项目的学习，王新已经掌握了电子商务的基本概念和技术支持，但是在这一过程中，如何利用电子商务所引发的新的商务模式来提升企业的竞争力和延续生命力，成为企业生存和发展必须考虑的问题之一。为了让王新对电子商务的交易模式有一定的了解和能够选择合适的交易模式来使用，老师根据网店运营师、电子商务师国家职业技能标准中的要求，布置了一个学习电子商务交易模式的任务，希望通过学习加强王新对电子商务交易模式的理解。

学习目标

- **知识目标**
1. 掌握各种电子商务交易模式。
2. 了解电子商务交易模式的分类。

- **技能目标**
1. 学会对 B2B、B2C、C2C 平台的选择和使用。
2. 学会网上购物。

- **素养目标**

通过实操，结合小组团队方式，促进学生相互之间的协作精神。

项目案例

当张某需要买一本书的时候，会想到去书店。但是遇到台风天气，无法出门，于是张某从书店的小程序中搜索该书，发现书店没有该书的存货。为此，张某觉得这样购书很浪费时间，如果能够足不出户买到书就好了。而且家里还有很多看完的书占据着书架的位置，去哪里把这些书处理掉呢？

任务一　掌握 B2C 电子商务模式

任务导入

老师给王新布置了一个任务，通过对项目案例进行分析，思考：张某是否可以通过网上书城买到喜爱的书籍？这种交易模式属于什么电子商务模式？

知识探究

一、B2C 电子商务模式的定义

B2C（Business to Consumer，企业对消费者）是电子商务的一种模式，也就是通常所说的商业零售，即企业直接面向消费者销售产品和服务。这种形式的电子商务一般以网络零售业为主，主要借助于互联网开展在线销售活动。企业通过互联网为消费者提供一个新型的购物环境——网上商店，消费者通过网络进行网上购物。B2C 电子商务模式节省了消费者和企业的时间，大大提高了交易效率。

二、B2C 电子商务模式的发展状况

B2C 电子商务模式是我国最早产生的电子商务模式，以 8848 网上商城正式运营为标志。

第 51 次《中国互联网络发展状况统计报告》显示，截至 2022 年 12 月，我国网络购物用户规模达 8.45 亿，较 2021 年 12 月增长 319 万，占网民整体的 79.2%，如图 3-1 所示。

2022 年，网络零售继续保持增长，成为推动消费扩容的重要力量。全年网上零售额达 13.79 万亿元，同比增长 4.0%。其中，实物商品网上零售额为 11.96 万亿元，增长 6.2%，占社会消费品零售总额的比重为 27.2%，在消费中占比持续提升。2022 年，新品消费、绿色消费、智能消费和工厂直供消费趋势相对明显，进一步推动生产制造端绿色化、数字化、智能化发展。

在 2022 年修订后《反垄断法》正式施行、平台经济反垄断进入常态化监管后，主流交易平台实施降本增效的发展策略，以服务实体经济、推动数实融合为方向，加快高质量发展，交易服务营业收入稳步增长。2022 年，中国电子商务交易服务营业收入达 15 381.5 亿元，B2B、B2C 和 C2C 平台交易服务营业收入规模分别为 2 174.5 亿元、7 889.9 亿元和 5 317.1 亿元（见图 3-2），较上年分别增长 11.3%、1.9% 和 27.6%。

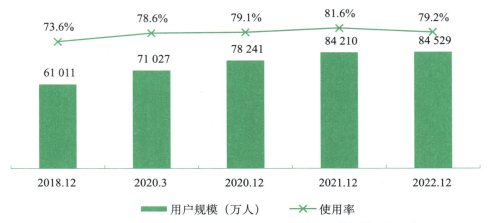

图 3-1　2018 年 12 月至 2022 年 12 月网络购物用户规模及使用率

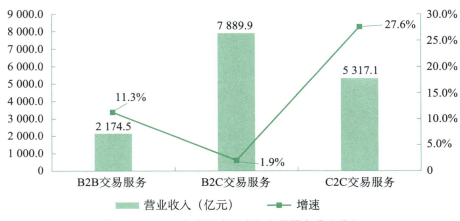

图 3-2　2022 年中国电子商务交易服务营业收入

注：图中数据根据阿里巴巴、京东、拼多多等上市公司财报综合测算。

三、B2C 网上商店的主要类型

1. 综合商城

综合商城就如我们生活中的实体大商城一样，一楼可能是化妆品，二楼是女士服饰，三楼是男士服饰，四楼是运动/装饰，五楼是手机数码……将众多品牌专卖店集合起来，这就是商城。天猫、京东也是这个形式，与传统商城无异。它有庞大的购物群体，有稳定的网站平台，有完备的支付体系、诚信的安全体系，促进了卖家进驻卖东西、买家进去买东西。

传统商城在线下是以区域来划分的，每个大的都市总有三五个大的商城。而线上的商城，在人气足够、产品丰富、物流便捷的情况下，成本较低、二十四小时营业、无区域限制、产品更丰富等优势更为显著。

素养提升

河北清河羊绒小镇百家网店签约抵制假冒伪劣

近年来，河北清河电子商务发展迅猛，全县拥有电商从业人员 7 万人，各类网店 2.3 万家，淘宝村 16 个，清河县位列"中国电子商务百佳县"第八位。

清河县羊绒制品市场管委会副主任表示，为营造诚信经营的网络环境，此次组织上百家网店及生产企业开展诚信经营承诺活动，并制定严格的章程，规定了"三不准"，即无注册商标的产品不准网上销售、没有标示原料含量的产品不准网上交易、质量不合格的产品不准网上交易。

签约活动当日，百余家网店公开承诺"开诚信网店，做诚信网商"，并在承诺书上签字。当地市场监管局等现场解读《消费者权益法》《侵害消费者权益行为处罚办法》《网络购买商品七日无理由退货暂行办法》等，并教消费者如何识别真假产品，为消费者答疑释惑。

"我做网店 5 年了，深知经营者一旦失信，市场就会被扰乱，当客户不再相信你时，网店也走到了尽头。所以我们必须守信，抵制假冒伪劣，这样市场才会越做越活，路子越走越远。"清河店商李秀珍说。

---

2. 百货商店

商店，谓之店，说明卖家只有一个；而百货，即为满足日常消费需求的丰富产品线。这种商店有自有仓库，会库存系列产品，有更快捷的物流配送和更优良的客户服务，甚至会有自己的品牌。如沃尔玛、屈臣氏等在线商城，1 号店网上超市。

3. 垂直商店

垂直商店的产品存在着更多的相似性，要么是满足某一细分人群的，如母婴、女性等；要么是满足某种特定需要的，如电器类 B2C 商城、服装类 B2C 商城等。

4. 服务型网店

服务型网店是指为客户提供快捷便利服务的网店，如帮忙排队买票、医院挂号、酒店客房（火车票、景区门票）预订等的网店。为了满足人们不同的个性需求，服务型网店越来越多。现在有一些小型超市（如社区超市）也提供网上购物平台，方便周边客户购买，并为之提供送货上门服务。

5. 导购引擎型网店

导购引擎型网店是指通过发布一些大型网站的导航或搜索引擎，以方便客户查询和网购的网店，比如一淘网。导购引擎型网店使购物的趣味性、便捷性大大增加。此外，一些导购引擎型网店推出了购物返现等来吸引消费者，许多消费者购物前都会通过一些

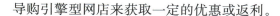

导购引擎型网店来获取一定的优惠或返利。

四、B2C电子商务模式的结构和特点

1. B2C电子商务模式的结构

B2C电子商务模式由三个基本部分组成：为客户提供在线购物场所的商场网站，为客户所购商品进行配送的配送系统，负责客户身份确认与货款结算的银行及认证系统。所以，B2C电子商务网站普遍包括五个模块，如图3-3所示。

图 3-3　B2C 电子商务网站的五大模块

（1）会员系统模块：用于客户注册和客户信息管理。

（2）订单管理模块：管理客户买卖信息，进行购买流程控制。

（3）商品管理模块：管理商品数据信息的添加、删除和修改。

（4）商品展示模块：用于商品图片的管理、发布，以及商品展示风格的设计。

（5）支付系统模块：客户通过第三方支付平台进行货款结算。

2. B2C电子商务模式的特点

（1）客户管理特点：客户群数量巨大，所采用的商务模式、身份认证、信息安全等方面的技术和管理办法必须方便、简洁、成本低廉且易于大范围推广。

（2）平台管理特点：安全技术应能够确认客户，避免冒名顶替和非法操作。

（3）登录特点：经常会出现"一次性"客户（匿名/游客登录），即不注册、不连续使用，只希望在需要的时候使用一下 B2C 的服务。

（4）渠道特点：网络上传输的信息可能涉及个人机密，如账号和操作金额。

（5）支付特点：涉及的支付或转账金额较低（小额支付）。

任务实施

在项目案例中，张某可以通过网上书城买到喜爱的书籍吗？这种交易模式属于什么电子商务模式？我们一起来回顾案例，进行分析，并将分析结果填入下表。

当张某需要买一本书的时候，第一时间想到去书店。但是遇到台风天气，无法出门，于是他从书店的小程序中搜索该书，发现书店没有该书的存货。为此，张某觉得这样购书很浪费时间，如果能够足不出户能买到书就好了。而且家里还有很多看完的书占据着书架的位置，去哪里把这些书处理掉呢？

问题	回答
张某是否能买到喜爱的书籍？	
网上书城属于什么电子商务模式？	

分析提醒：

1. 网上书城平台较多，如当当网、中图网、缺书网等平台，因此当某一平台搜索不到张某喜爱的书籍时，直接切换平台搜索即可，不用在线下一个书店一个书店地挨个寻找。

2. 根据本任务知识点的掌握，本案例中网上书城的电子商务交易模式属于 B2C。

同步训练

传统企业如何利用 B2C 电子商务模式成功转型？

2020 年初，受疫情影响，西单商场试水电商建立线上商店，苏宁、国美、王府井百货纷纷涌入 B2C 市场，可以看出传统百货的电商意识正在觉醒。银泰百货建立银泰网，并在上线三个月后实现日单过万的"奇迹"。

银泰网的建立和发展可以说是传统百货转型 B2C 的一个成功模式，也可以称得上是传统百货涉足 B2C 的典型。

分析其成功的原因，主要有以下三点。

1. 品牌给力

银泰网的入驻品牌有 300 多个，其中包括 50 个左右的高端品牌。银泰网负责人表示，与银泰网签署销售合约的品牌中，有 60％是从来没有在国内的正规网商中出现过的。而且，在众多品牌中，有一部分选择银泰网作为其在网上销售的唯一渠道，如内衣品牌维多利亚的秘密、黛安芬，服装品牌 CK，户外运动品牌奥索卡等。

2. 人才给力

在电子商务圈内，人才一向是个公认的瓶颈，很多企业都不得不承认人才已经成为发展的短板。在这种大形势下，银泰网不惜花费精力、财力通过猎头公司寻找人才，组成了优质的高管团队。银泰网的仓储主管曾在沃尔玛电商负责仓储管理；物流主管来自五洲在线；营销主管曾在原新浪商城负责市场；客服主管曾管理过上千人的专业客服团队。

3. 集团给力

银泰网是独立于银泰集团的子公司，在运营模式和体系上也完全是电子商务企业的配置，可以说，它是一家拥有传统企业资源，而又完全独立的 B2C 电商公司。对于银泰网，银泰集团曾表示：如果涉及原来集团的资源，将给予无条件的支持；如果出现价格冲突问题，只要银泰网有能力，就可以去冲击。

【问题】

1. B2C 电子商务模式有何优缺点？

2. B2C 电子商务模式与其他电子商务模式相比有何不同？

▶ 任务二　掌握 C 2 C 电子商务模式

📷 任务导入

通过上一任务的学习，王新对于 B2C 电子商务交易模式已经有了基本的认识，明白了实体商店转换为电子商城的方式方法，但是对于案例中张某家里还有很多看完的书占据着书架的位置，怎样把这些书处理掉的方法还是不太了解。老师安排了一个新的任务，让王新通过本任务的学习，分析个人用户转换为电子商务交易模式的方法有哪些。

◎ 知识探究

一、C2C 电子商务模式的定义

C2C（Consumer to Consumer，消费者对消费者）电子商务模式是指个人与个人之间的电子商务。比如一个消费者有一台旧电脑，通过网络进行交易，把它出售给另外一个消费者，此种交易类型就称为 C2C 电子商务。C2C 同 B2B、B2C 一样，都是电子商务的主要模式之一。C2C 电子商务通过为买卖双方提供一个在线交易平台，使卖方可以主动提供商品上网售卖，而买方可以自行选择商品进行购买。

C2C 电子商务的产生以易趣网的成立为标志。目前采用 C2C 电子商务模式的主要有易趣、淘宝、拍拍等网站。

二、C2C 电子商务模式的业务流程

C2C 电子商务模式的业务流程按照卖家发布商品的方式不同，可分为以下两种类型。

1. 一口价交易

（1）卖家用一口价的方式发布多个商品，然后上架商品。

（2）买家进入平台后，搜索自己所需的商品并浏览该商品，选择好一口价的商品后立刻购买，然后通过支付平台付款。

（3）卖家收到买家购买商品的订单，选择合适的物流公司发货。

（4）买家收到商品后，在支付平台输入支付密码，确认收货，一口价交易完成。

（5）交易完成后，买卖双方互相评分。

2. 拍卖交易

（1）卖家以拍卖的方式发布多个商品，并上架商品。

（2）买家查看拍卖的商品。拍卖分为单拍和多拍。单拍即多人竞拍一个商品，最后谁的价格高，谁将获得商品；多拍也称荷兰式拍卖，指拍卖标的的竞价由高到低依次递减，直到第一个竞买人应价（达到或超过底价）时击槌成交的一种拍卖。

（3）买家出价。

（4）买家付款，卖家发货。

（5）买家确认收货。

C2C 电子商务模式拍卖交易的流程如图 3-4 所示。

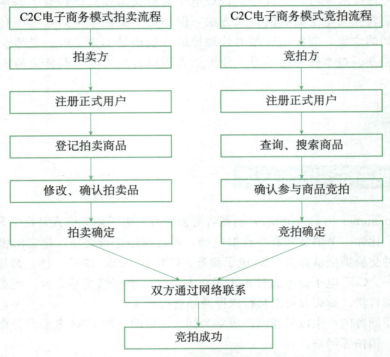

图 3-4　C2C 电子商务模式拍卖交易的流程

不论是一口价交易还是拍卖交易，都不可缺少 C2C 电子商务模式的几个组成要素：买家、卖家、第三方交易平台和 CA 认证中心。这几个要素之间的关系如图 3-5 所示。

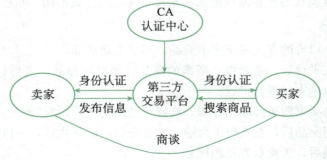

图 3-5　C2C 电子商务模式四要素之间的关系

三、网上开店的流程

通过 C2C 电子商务平台可以开展的电子商务活动多种多样，目前以商品销售为主要的经营模式。在 C2C 电子商务平台上可以开设个人店铺销售商品。以淘宝网为例，开设网上店铺的步骤如下。

1. 注册淘宝账户

打开淘宝网，单击"免费注册"进入注册页面。可以选择用手机号或邮箱注册，如以手机号注册，填好手机号后，单击"下一步"可获取校验码，将校验码输入，验证成功后，开店第一步就完成了，如图 3-6、图 3-7 所示。

图 3-6　使用手机号注册淘宝网会员

图 3-7　注册成功

2. 支付宝账户绑定

注册成功后，登录到"我的淘宝"，选择"设置"下的"支付宝绑定设置"，绑定支付宝账户，如图 3-8 所示。

3. 支付宝实名认证

（1）从淘宝网首页进入"千牛卖家中心"—"店铺管理"—"我要开店"，未进行过支付宝实名认证的，需进行支付宝实名认证的操作，如图 3-9 所示。

（2）单击"继续认证"后，会进入"支付宝实名认证"页面，如图 3-10 所示，单击"立即认证"。

（3）单击"立即认证"后，按照提示填写账户名、真实姓名、身份证号码等相关信息，如图 3-11 所示。单击"下一步"，出现如图 3-12 所示的页面，填写与支付宝账户注册时相同身份证号码开户的银行卡信息。

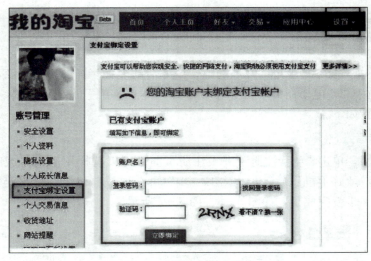

图 3-8　绑定支付宝账户

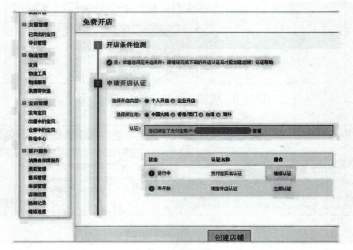

图 3-9　申请支付宝实名认证

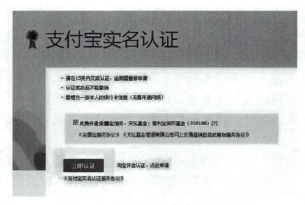

图 3-10　"支付宝实名认证"页面

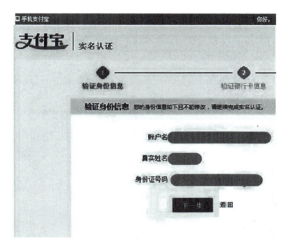

图 3-11 填写相关信息

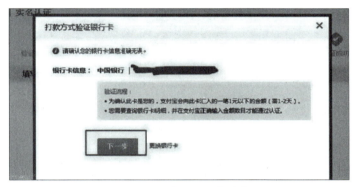

图 3-12 填写银行卡信息

（4）在收到支付宝汇入银行卡的随机金额后，可再次通过淘宝网"免费开店"页面继续进行支付宝实名认证的操作。单击"继续认证"后，进入支付宝向银行卡汇款信息页面，如图 3-13 所示。单击"输入查询到的金额"后，进入实际输入金额页面，如图 3-14 所示。将金额输入后，单击"确定"，即可完成认证操作，如图 3-15 所示。

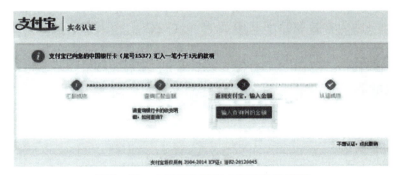

图 3-13 支付宝向银行卡汇款信息页面

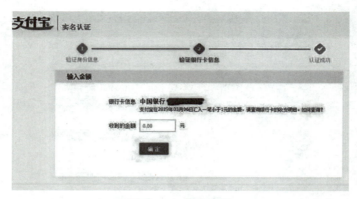

图 3-14　输入金额

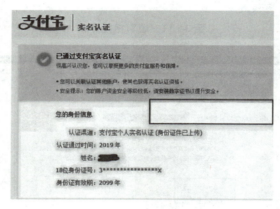

图 3-15　认证完成

4. 开店认证

开设店铺还需要进行开店认证，开店认证对个人用户来说，主要是进行身份认证。

（1）进入"千牛卖家中心"—"店铺管理"—"我要开店"，在"支付宝实名认证"的下方，有"淘宝开店认证"，从此处开始认证。

（2）单击"立即认证"后，进入淘宝网"身份认证"页面，如图 3-16 所示。单击"立即认证"，填写身份认证资料，如图 3-17 所示。填写资料包括身份证信息、真实联系地址（经营地址）、有效联系手机号码等，这些信息必须真实有效，否则认证无法通过。

（3）填写资料后，提交审核，如图 3-18 所示。资料审核时间一般为 48 小时。

5. 创建店铺

待支付宝实名认证和淘宝开店认证均通过后，即可进入卖家中心创建店铺，如图 3-19 所示。完善店铺信息，设计店铺版面并发布商品信息，开店便完成了。

四、C2C 电子商务模式中电子交易平台供应商的作用

C2C 是消费者对消费者的交易模式，类似于现实商务世界中的"跳蚤市场"。其构成

图 3 - 16 "身份认证"页面

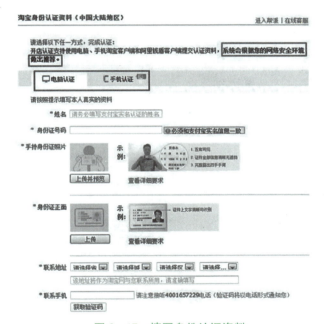

图 3 - 17 填写身份认证资料

要素中的第三方交易平台，也就是电子交易平台供应商，类似于现实商务世界中的"跳蚤市场"场地提供者和管理员。

在 C2C 电子商务模式中，电子交易平台供应商发挥着重要作用。

首先，网络的范围如此广阔，如果没有一个知名的、受买卖双方信任的供应商提供平台，将买卖双方聚集在一起，那么买卖双方单靠在网络上漫无目的地搜索是很难发现彼此的，并且会失去很多的机会。

其次，电子交易平台供应商负责对买卖双方的诚信状况进行监督和管理、对交易行

图 3-18　资料审核

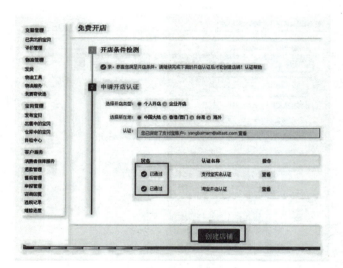

图 3-19　创建店铺

为进行监控，最大限度地避免欺诈等行为发生，保障买卖双方的权益。

再次，电子交易平台供应商能够为买卖双方提供技术支持服务，包括帮助卖方建立个人店铺、发布产品信息、制定定价策略等，帮助买方比较和选择产品以及电子支付等。正是有了这样的技术支持，C2C 电子商务模式才能够在短时间内迅速为广大普通用户所接受。最后，随着 C2C 电子商务模式的不断发展，电子交易平台供应商还能够为买卖双方提供保险、借贷等金融类服务，更好地为买卖双方服务。

可以说，在 C2C 电子商务模式中，电子交易平台供应商是至关重要的一个角色，它是这个电子商务模式存在的前提和基础。

知识链接

C2C 网站的盈利模式

1. 会员费

会员费也就是会员制服务收费，是指 C2C 网站为会员提供网上店铺出租、公司认证、产品信息推荐等多种服务组合而收取的费用。由于提供的是多种服务的有效组合，比较能满足会员的需求，因此这种模式的收费比较稳定。费用第一年交纳，第二年到期时需要会员续费，续费后再享受下一年的服务，不续费的会员将恢复为免费会员，不再享受多种服务。

2. 交易提成

交易提成是 C2C 网站的主要利润来源。因为 C2C 网站是一个交易平台，它为交易双方提供机会，相当于现实生活中的交易所、大卖场，从交易中收取提成是其市场本性的体现。

3. 广告费

企业将网站上有价值的位置用于放置各类广告，根据网站流量和网站人群精度标定广告位价格，然后通过各种形式向客户出售。如果 C2C 网站具有充足的访问量和足够的用户黏度，广告业务量会非常大。但是 C2C 网站出于对用户体验的考虑，均没有完全开放此业务，只有个别广告位不定期开放。

4. 搜索排名竞价

C2C 网站商品的丰富性决定了购买者搜索行为的频繁性。搜索的大量应用就决定了商品信息在搜索结果中排名的重要性，由此便引出了根据搜索关键字竞价的业务。卖家可以为某关键字提出自己认为合适的价格，最终由出价最高者竞得，在有效时间内该卖家的商品可获得竞得的排位。卖家只有认识到竞价为其带来的潜在收益，才愿意花钱使用此项服务。

5. 支付环节收费

支付问题一向是制约电子商务发展的瓶颈，直到阿里巴巴推出了支付宝才在一定程度上促进了网上在线支付业务的开展。买家先把预付款通过网上银行汇入支付公司的个人专用账户，待收到卖家发出的货物后，再通知支付公司把货款汇入卖家账户，这样买家不用担心收不到货还要付款，卖家也不用担心发了货而收不到款，而支付公司则按成交额的一定比例收取手续费。

任务实施

在本任务开始提到的案例中，个人用户转换为电子商务交易模式的方法有哪些？我们一起回顾案例并进行分析，将分析结果填入下表。

	网上开店的方法	交易模式
张某		
个人用户		

分析提醒：

1. 通过本任务知识点的学习，了解到个人用户想要卖家里多余的书，可以通过网上开店的方式来进行。

2. 本案例中张某开店卖给个人用户属于 C2C 电子商务模式。

🖥️》同步训练 ▮▮

1. 上网查找一些 C2C 网站，看看哪些网站发展得比较好。
2. 上网查找 C2C 网站建站的标准。
3. 上网查找 C2C 电子商务模式的优缺点。

【问题】

如何做好 C2C 网站？

▶ 任务三　掌握 B2B 电子商务模式

🎬 任务导入

通过上一任务的学习，王新对于 C2C 电子商务交易模式已经有了基本的认识，明白了个人用户网上开店的方式方法，但是对于网上书城对接货源书籍印刷厂的渠道，不是很了解。对此，老师安排了一个新的任务，让王新通过本任务的学习，分析书城对接货源书籍印刷厂属于哪种电子商务交易模式。

◎ 知识探究

一、B2B 电子商务模式的含义

B2B（Business to Business，企业对企业）电子商务模式，即企业与企业之间的电子商务，是指企业使用互联网或各种商业网络向供应商订货和付款的一种电子商务模式。企业通过 B2B 网站将内部网与客户紧密结合起来，通过网络的快速反应，为客户提供更好的服务，从而促进企业的业务发展。近年来 B2B 发展势头迅猛，趋于成熟。

B2B 电子商务有两种基本模式：一种是企业直接进行的电子商务，如制造商的在线采购和在线供货；另一种是通过第三方电子商务平台进行的电子商务。第三方 B2B 电子商务平台为某一类或几类的企业采购或销售牵线搭桥，通过信息系统来调配、组织供货与销售，并提供一些增值性服务，从而获得佣金或增值性收入，如阿里巴巴、慧聪网等。

二、B2B 电子商务模式的特点

B2B电子商务模式的主要特点如下：

（1）相对B2C和C2C来说，B2B的交易次数较少，但主要是大宗货物交易，交易金额往往会大于前两者。

（2）与传统的企业间的交易相比，B2B的交易操作相对规范化、标准化及流程化，大大降低了企业的经营成本及时间，提高了工作效率。例如：通过B2B的交易方式，买卖双方能够在网上完成整个业务流程，从建立最初印象，到货比三家，再到讨价还价、签单和交货，最后到售后服务。

（3）与传统的企业间的交易相比，B2B交易不再受地区限制，可以横跨各大洲。

（4）与传统的企业间的交易相比，B2B交易对象广泛，可以是任何一种产品，也可以是原材料、半成品或成品。

三、B2B 电子商务模式的业务流程

B2B电子商务模式的一般业务流程如下：

（1）商业客户向销售商发出"用户订单"，该订单应包括产品名称、数量等一系列有关产品的信息。

（2）销售商收到"用户订单"后，根据"用户订单"的要求向供货商查询产品情况，发出"订单查询"。

（3）供货商在收到并审核完"订单查询"后给销售商返回"订单查询"的回答，如有无货物等情况。

（4）销售商在确认供货商能够满足商业客户"用户订单"要求的情况下向运输商发出有关货物运输情况的"运输查询"。

（5）运输商在收到"运输查询"后给销售商返回"运输查询"的回答，如有无能力完成运输及有关运输的日期、线路、方式等要求。

（6）在确认运输无问题后，销售商即刻给商业客户的"用户订单"一个满意的回答，同时给供货商发出"发货通知"并通知运输商运输。

（7）商业客户向支付网关发出"付款通知"。

（8）支付网关向销售商发出交易成功的"转账通知"。

在企业自建网站进行交易的流程和第三方B2B电子商务平台基本相同，以第三方平台金银岛为例，大宗现货的交易流程如图3-20所示。

四、B2B 电子商务网站的类型

1. 垂直型 B2B 网站

垂直型B2B是依托传统行业，通过网络交易平台开展业务的一种电子商务模式。因

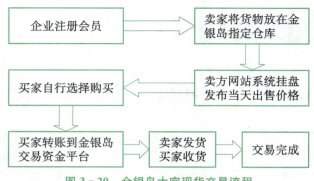

图 3－20　金银岛大宗现货交易流程

为这些平台专业性较强，定位往往为某一特定的专业领域，故称为垂直型。垂直型 B2B 可以分为两个方向，即上游和下游。生产商或商业零售商可以与上游的供应商之间形成供货关系，比如戴尔电脑公司与上游的芯片和主板制造商就是通过这种方式进行合作的。生产商与下游的经销商可以形成销货关系，比如西斯科与其分销商之间进行的交易。简单地说，垂直型 B2B 网站其实就是企业网站，是企业直接在网上开设的虚拟商店，通过这种网站可以大力宣传企业的产品，用更快捷、更全面的手段让更多的客户了解自己的产品，促进交易。垂直型 B2B 网站也可以是商家开设的网站，这些商家在自己的网站上宣传自己经营的商品，目的也是用更加直观便利的方法促进、扩大交易。

2. 综合型 B2B 网站

综合型 B2B 网站面向中间交易市场，将各个行业中相近的交易过程集中到一个平台，为企业的采购方和供应方提供交易的机会，如阿里巴巴、慧聪网、环球资源网等。这一类网站其实既不是拥有产品的企业，也不是经营商品的商家，它只提供一个平台，在网上将销售商和采购商汇集到一起，采购商可以在网上查到销售商的有关信息和所销售商品的有关信息。

3. 关联行业 B2B 网站

关联行业 B2B 网站是相关行业为了提升目前电子商务交易平台信息的广泛程度和准确性，整合综合型 B2B 模式和垂直型 B2B 模式而建立起来的跨行业电子商务平台。

五、B2B 电子商务模式的现状及发展趋势

国内 B2B 网站主要有阿里巴巴、慧聪网、中国制造网、金银岛、买麦网、环球资源网等。国外的 B2B 网站则有很多，如墨西哥贸易网（Mextrade）、墨西哥商务资源网（Mexconnect）、世界竞标网（Worldbid）、贸易地带网（Tradezone）、新加坡亚洲商业网（Commerce Asia）等。

国内的 B2B 网站盈利方式还比较单一，主要靠企业赞助、广告费、会员费来维持生存，少数能收取一些交易费用。B2B 电子商务系统作为独立的第三方运营平台，其价值就是提供的信息、知识以及交易服务。B2B 网站可通过降低生产成本、减少中间交易费用、提供商品研发方向、利用自身资源优势提供各种增值服务、拓展商品销售市场和销

售知识等来获取利润，以收取交易费为主要盈利手段。

1. B2B 向更细分方向发展

中小企业由于没有雄厚的资金支持，没有实力做全行业的 B2B 行业网站，但是可以介入细分行业的电子商务网站或者区域性电子商务网站。如服装服饰类细分为男装、女装，甚至进一步细分为西装、休闲装等。细分网站有一定的发展前景。

2. B2B 区域网站兴起

我国绝大部分 B2B 贸易还是集中在同城、同区交易。赶集网等分类信息网站能获得青睐也是基于同城交易的数额巨大这一事实。目前在我国商业信用体系尚未健全的情况下，大部分商家更愿意选择较近的进货渠道，这样可以较好地保障信用安全，也可以更好地节省物流成本、提高利润。因此，B2B 区域网站有较大的发展空间。

3. B2B 新模式的崛起

B2B 电子商务领域竞争日益激烈，大批 B2B 网站已在激烈的竞争中倒下。同时，新生的企业以创新的模式赢得了市场的认可，在竞争激烈的市场环境中具有极强的核心竞争力，其中以中亚硅谷网"B2B＋M"最具特色。

M 是 Mall（商城）的缩写，"B2B＋M"即中亚硅谷网所代表的网上电子商务平台与中亚电子博览中心实体商城有机结合运作的全新商业模式，它既打破了实体商城辐射力的局限，也有效弥补了一般 B2B 网站普遍存在的诚信缺失。

📚 知识链接 ▐▐

B2B 模式下制造业的业务流程

第一步，接收客户订单，解析电子数据交换（EDI）标准数据，保存订单必需数据，存入数据库。

第二步，将订单信息上传至企业资源计划（ERP）系统。ERP 系统创建销售订单，然后将相关信息反馈给 B2B 系统。

第三步，B2B 系统返回订单信息给客户。

第四步，ERP 系统创建生产命令，生产现场管理系统（SFC）下载生产命令，安排生产，产生相关产品数据。

第五步，B2B 系统获取 ERP 系统传递的信息，存入 B2B 数据库。从生产现场管理系统获取货物数据、包装列表等。

第六步，B2B 系统生成运单。

第七步，接收客户对运单的确认。

第八步，将发票发送给客户。

▤ 任务实施

在本任务开始提到的网上书城对接货源书籍印刷厂属于哪种电子商务交易模式？我们一起进行分析，并将分析结果填入下表。

	进货渠道	交易模式
网上书城		
书籍印刷厂		

分析提醒：

1. 通过本任务知识点的学习，大致可以了解到网上书城对接货源书籍印刷厂可以通过垂直型 B2B 网站的方式来进行。

2. 本案例中网上书城对接货源书籍印刷厂属于 B2B 电子商务模式。

同步训练

1. B2B 电子商务模式有哪些特点？

2. B2B 电子商务模式的业务流程是怎样的？

3. B2B 电子商务网站有哪些类型？

▶ 任务四 掌握其他电子商务模式

任务导入

通过前三个任务的学习，王新对于 B2C、C2C 和 B2B 这三种电子商务交易模式已经有了基本的认识，但是如果线上购买大型家电后需要进行安装及维修，单通过 B2C 的形式无法很好地解决。对此，老师安排了一个新的任务，让王新通过本任务的学习，分析网购大型家电后的安装与维修服务属于哪种电子商务交易模式。

知识探究

一、O2O 电子商务模式

1. O2O 电子商务模式的含义和发展过程

O2O（Online to Offline，线上到线下）电子商务模式，是指将线下的商务机会与互联网结合，让互联网成为线下交易的前台的电子商务模式。O2O 的概念非常广泛，只要产业链中既涉及线上，又涉及线下，就可通称为 O2O。2013 年 O2O 进入高速发展阶段，开始了本地化及与移动设备的整合，于是 O2P（Online to Place，本地化的 O2O 营销模式）横空出世，成为 O2O 的本地化分支。O2O 电子商务模式的业务流程如图 3 - 21 所示。

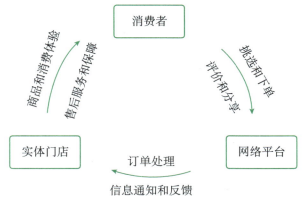

图 3 - 21 O2O 电子商务模式的业务流程

O2O 电子商务模式这一概念是在 2010 年 8 月由美国试用品营销服务商 TrialPay 的创始人亚历克斯·兰佩尔（Alex Rampell）提出的，但此种模式早在团购网站兴起时就已经出现，只不过消费者更熟知团购的概念。团购商品都是临时性的促销，而在 O2O 网站上，只要网站与商家持续合作，那商家的商品就会一直"促销"下去。O2O 的商家都是有线下实体店的，而团购模式中的商家则不一定。

O2O 电子商务模式的发展过程如图 3 - 22 所示。

图 3 - 22 O2O 电子商务模式的发展过程

2. O2O 电子商务模式的核心是在线预付

通过 O2O 电子商务模式，将线下商品及服务进行展示，并提供在线支付"预约消费"，对于消费者来说，不仅可以通过线上对比选择最令人期待的服务，也可以依照消费者的区域性享受商家提供的更适合的服务。从表面上看，O2O 的关键似乎是网络上的信息发布，因为只有互联网才能把商家信息传播得更快、更远、更广，可以瞬间聚集强大的消费能力。但实际上，O2O 的核心在于在线支付，一旦没有了在线支付功能，O2O 中的在线服务就形同虚设。以团购为例，如果没有能力提供在线支付，仅凭网购后的自家统计结果去和商家要钱，那么双方可能无法就实际购买的人数达成精确的统一而陷入纠纷。

在线支付不仅表示支付本身的完成，还是某次消费得以最终形成的唯一标志，更是消费数据唯一可靠的考核标准。尤其是对提供线上服务的互联网专业公司而言，只有用户在线上完成支付，自身才可能从中获得效益，从而把准确的消费需求信息传递给线下的商业伙伴。无论是 B2C 还是 C2C，均是在实现消费者在线支付后，才形成了完整的商业形态。而在以提供服务性消费为主且不以广告收入为盈利模式的 O2O 中，在线支付更是举足轻重。

3. 开展 O2O 电子商务模式的三种形式

（1）自建官方商城＋连锁子店铺的形式。消费者直接向门店的网络店铺下单购买，然后线下体验服务，在这个过程中，品牌商提供在线客户服务及随时调货支持（在缺货情况下），加盟商收款发货。这种形式适合全国连锁型企业，其优点是可以线上和线下店铺一一对应；缺点是投入大，推广力度需要很大。

（2）借助全国布局的第三方平台，将加盟企业和分站系统进行结合，利用第三方平台的巨大流量迅速推广、带来客户。

（3）建设网上商城，开展各种促销和预付款的形式。线上销售，线下服务，这种形式适合本地化服务企业。

与传统的消费者在商家直接消费的模式不同，在 O2O 平台商业模式中，整个消费过程由线上和线下两部分构成。线上平台为消费者提供消费指南、优惠信息、便利服务（预订、在线支付等）和分享平台，而线下商户则专注于提供服务。

4. O2O 电子商务模式消费流程的五个阶段

（1）第一阶段：引流。

线上平台作为线下消费决策的入口，可以汇聚大量有消费需求的消费者，或者引发消费者的线下消费需求。常见的 O2O 平台引流入口包括：消费点评类网站，如大众点评；电子地图，如百度地图、高德地图；社交类网站或应用，如微信。

（2）第二阶段：转化。

线上平台向消费者提供商铺的详细信息、优惠信息（如团购、优惠券）、便利服务，方便消费者搜索、对比商铺，并最终帮助消费者选择线下商户、完成消费决策。

（3）第三阶段：消费。

消费者利用线上获得的信息到线下商户接受服务、完成消费。

（4）第四阶段：反馈。

消费者将自己的消费体验反馈到线上平台，有助于其他消费者做出消费决策。线上平台通过梳理和分析消费者的反馈，形成更加完整的本地商户信息库，可以吸引更多的消费者使用在线平台。

（5）第五阶段：存留。

线上平台为消费者和本地商户建立沟通渠道，可以帮助本地商户维护消费者关系，使消费者重复消费，成为商家的回头客。

二、C2B 电子商务模式

C2B（Customer to Business）是一种消费者对企业的电子商务模式。

真正的 C2B 应该先有消费者需求的产生而后有企业生产，即先有消费者提出需求，后有生产企业按需求组织生产。通常情况为消费者根据自身需求定制产品和价格，或主动参与产品设计、生产和定价，生产企业进行定制化生产。

C2B 的核心是以消费者为中心，从消费者的角度考虑，它改变了 B2C 电子商务模式中消费者在商品议价权上的弱势地位，使消费者享受到以大批发商的价格购买单件商品的利益。

C2B 电子商务模式的应用包括团购、聚划算等。

三、B2G 电子商务模式

B2G（Business to Government）是一种企业与政府之间通过网络进行交易活动的电子商务模式，比如电子通关、电子报税等。B2G 电子商务模式比较典型的例子是网上采购，即政府机构在网上进行产品、服务的招标和采购。

四、BMC 电子商务模式

BMC（Business Medium Consumer）是一种新型的电子商务模式，集量贩式经营、连锁经营、人际网络、金融、传统电子商务模式的优点于一身，打破了 B2B、B2C、C2C、C2B 等传统电子商务模式的发展瓶颈。Business 指企业；Customer 指消费者、终端；Medium 在这里指的是在企业与消费者之间搭建的桥梁，它将网站与消费者、机构与终端、企业与渠道代理商，根据不同的需求有机、立体结合，形成利益互动，打造一个共赢的平台。

五、ABC 电子商务模式

ABC 电子商务模式是一种新型的电子商务模式，A、B、C 分别是代理商（Agents）、商家（Business）、消费者（Consumer）的英文单词的首字母。ABC 电子商务模式被誉为继阿里巴巴 B2B 电子商务模式、京东商城 B2C 电子商务模式、淘宝网 C2C 电子商务模式之后电子商务界的第四大模式，是由代理商、商家和消费者共同搭建的集生产、经营、消费为一体的电子商务平台，相互之间可以转化。生产者、消费者、经营者、合作者、管理者都是这个平台的主人，大家相互服务、相互支持，你中有我、我中有你，真正形成一个利益共同体，资源共享，达到多赢的目的。

🗐 任务实施

在本任务开始提到的案例中网购大型家电后的安装与维修服务属于哪种电子商务交易模式？我们一起进行分析，将分析结果填入下表。

	后续服务	交易模式
网上家电商城		
安装与维修服务		

分析提醒：

通过本任务的知识点，大致可以了解到网购大型家电后的安装与维修服务属于 O2O 电子商务模式。

📺》同步训练

1. O2O 电子商务模式有哪些优势和局限？
2. 如何创建一个 O2O 模式的网站公司？

德技并修

阿里巴巴持续反腐　清退多家违规店铺

阿里巴巴集团负责人说，阿里巴巴经济体是透明的、实打实的经济实体。透明是一种能力，更是一种承诺。阿里巴巴将一如既往坚决对腐败说不，让"灰色"在阳光下无处藏身，推动生态体系健康发展。

近年来，阿里巴巴集团旗下各平台共有 36 家店铺因采取不正当手段谋求小二"照顾"被永久关店。这些店铺试图通过"潜规则"甚至违法犯罪手段谋求不正当利益，违背了诚信经营原则，依规被永久关闭店铺，情节严重的还被追究法律责任。

据介绍，阿里巴巴集团在诚信制度建设上坚持"内外兼修"。对外，通过制定平台规则，鼓励商家诚信经营，为千万中小商家的创业、发展提供公正透明的商业环境。对内，倡导诚信文化以及开展反舞弊调查，在查处内部腐败的同时推进业务机制完善。据廉正合规部有关负责人介绍，目前阿里巴巴集团有近 5 万名员工，分布国内及海外多地，廉正诚信文化和商业行为准则是每个人入职阿里巴巴集团的"必修课"，也是每年必经的评估考核项目。该负责人强调，商家一旦发现阿里巴巴集团的员工存在任何违规行为，可随时通过廉正举报平台。

思政点拨：

党的二十大报告指出，要"弘扬诚信文化，健全诚信建设长效机制"。这就要求企业家和电商从业人员在实践工作中要诚信经营，自觉守法守规守底线。只有这样才能凝聚起诚信的最强动力，让诚信的阳光普照，让网络空间更清朗健康、温馨和煦。

考证园地

一、单选题

1. 海尔集团属于商品制造商类型的（　　）电子商务企业。

A. B2B　　　　　　B. B2C　　　　　　C. C2C　　　　　　D. O2O

2. 在 B2B 电子商务中，第三方平台接到货款后，指定银行通知（　　）买方货款到账。（"互联网营销师"考证真题）

A. 认证中心　　　　　　　　　　B. 卖方

C. 网络商品交易中心　　　　　　D. 银行

3. （　　）电子商务是企业通过互联网向个人网络消费者直接销售产品和提供服务的模式。

A. B2B　　　　　　　　　　　　B. B2C

C. C2C　　　　　　　　　　　　D. O2O

4. O2O 电子商务模式的核心是（　　）。（"电子商务师"考证真题）

A. 在线预付　　　　　　　　　　B. 货到付款

C. 先预付一部分　　　　　　　　D. 第三方支付

二、名词解释

1. B2C 电子商务模式

2. B2B 电子商务模式

3. C2C 电子商务模式

4. O2O 电子商务模式

三、简答题

1. B2B 电子商务网站的类型有哪几种？各自的特点是什么？（"网店运营推广"考证真题）

2. 简述 C2C 电子商务模式的特点。

四、模拟实操

在一个完整的全真模拟环境内进行 B2C 电子商务实际操作，具体要求如下：

1. 前台购物

(1) 申请开通个人网上银行；(2) 注册成为 B2C 网站会员；(3) 搜索商品；(4) 在 B2C 网站购买商品，并进入结算中心结账，选择货到付款，最后生成订单；(5) 查询订单。

2. 后台管理

(1) 申请 B2C 特约商户网上银行；(2) 商户入驻商城；(3) 登录商店后台管理，在商店管理里设置公司简介、支付方式说明、送货方式说明以及售后服务说明；(4) 在商店后台管理的商品管理页面，添加商品信息；(5) 进行商品设置；(6) 在采购管理的采购订单页面新建采购订单，然后确认；(7) 在采购管理的采购入库页面对新采购订单进行入库处理；(8) 在采购管理的单据结算页面对已确认的采购订单进行结算处理；(9) 在采购管理的单据查询页面查询采购订单；(10) 在销售管理的网上订单页面受理网上订单。

电子货币与网上支付

▶ 情境导入 ▮▮

随着互联网技术和电子商务的迅速发展，电子支付系统已经成为现代金融领域不可或缺的有机组成部分。电子商务的广阔发展前景，吸引了更多资源投入，促使电子支付技术日益成熟和完善，而更为成熟安全的电子支付技术又促进了电子商务的飞速发展。随着电子商务的普及，电子支付必然成为支付方式的主要形式。快捷、方便和安全的电子支付也必将给商务活动带来新的改变和发展，成为人们生活质量稳步提高的一个标尺。

▶ 学习目标 ▮▮

- **知识目标**
1. 掌握各种电子支付工具。
2. 了解电子支付的分类。
- **技能目标**
掌握电子支付的基本知识，为应用不同的电子支付工具打下基础。
- **素养目标**
培养学生互相协作的精神。

▶ 项目案例 ▮▮

张某自主经营着一家超市，在过去电子支付尚未普及的年代，每一笔交易都需使用现金，有时各面值的现金准备得不够充裕，会出现因现金"找不开"而无法结账的情况。超市的进货货款都需要去银行给商家汇款，一来一回耗费了大量的时间和人力成本。在电子支付日益成熟的今天，客人可以通过微信、支付宝等第三方平台轻松完成支付，既提升了效率也减轻了张某的经营负担，进货的货款也可以通过网上银行进行支付，并可以选择以短信等多种方式告知对方。张某不由感叹，科技的进步便捷了人们的生活，使生活质量得到显著提高，但他心里也不免有一些疑问：电子货币等同于现实货币吗？电子支付安全吗？

▶ 任务一　掌握电子货币与电子支付

🎬 任务导入

老师给王新布置了一个任务，对项目案例进行分析，解答项目案例中张某关于线上电子货币与电子支付的疑问。

◎ 知识探究

一、电子货币的含义及特点

1. 电子货币的含义

电子货币又称数字货币，它是一种使用电子数据信息、通过计算机及通信网络在市场上流通的、按照法定货币单位来反映商品价值的信用货币。具体地说，电子货币就是以电子化方式来代替传统金属、纸张等介质进行资金存储、传送和交易的信用货币。电子货币是适应信息网络经济时代需要而产生的一种电子化货币，这种货币从形式上而言已与纸币无关，而体现为一串串特殊的电子数据。

随着互联网的普及应用，电子货币越发体现出"网络货币"的特点，即以互联网为基础，以计算机技术和通信技术为手段，以电子数据形式存储在计算机中，并通过计算机网络系统传递，实现其流通和支付功能。

电子货币比电子商务、电子支付出现得更早。随着互联网的迅速普及，电子商务已逐渐成为网络经济社会商业交易活动的重要形式。电子商务的核心流程就是电子支付，实现电子支付结算是电子商务的基础，而电子货币则用来解决电子商务中资金流的问题。电子货币具有流通和支付的功能，并趋向于"网络货币"的形式，因此进行电子支付结算和处理电子商务中资金流的过程其实就是电子货币在计算机网络上的流动过程。电子货币应用的深度和广度直接影响电子支付结算的效果，进而影响电子商务的发展。

2. 电子货币的特点

电子货币作为现代科技和现代金融业务相结合的产物，具有以下几个突出的特点：

（1）电子货币是一种虚拟货币。

电子货币是在银行电子化技术高度发达的基础上出现的一种无形货币，它采用数字脉冲代替金属、纸张等载体进行资金传输和显示，通过芯片进行处理和存储，因而没有传统货币的物理形态、大小、重量和印记，持有者得不到持有的实际感觉。

（2）电子货币是一种在线货币。

电子货币通常在专用网络上传输，也就是说，电子货币是在现有的银行、支票和纸币之外，通过网络在线流通的钱。电子货币保管需要有存储设备，交换需要有通信手段，保持其安全需要加密和解密用的计算机。

（3）电子货币是一种信息货币。

电子货币说到底只不过是观念化的货币信息，它实际上是由一组含有用户的身份、密码、金额、使用范围等内容的数字构成的特殊信息。人们使用电子货币交易时，实际上交换的是相关信息，这些信息传输到开设这种业务的银行后，银行就可以为双方交易结算，能够以比通过现实银行系统更省钱、更方便和更快捷的方式相互收付资金。

二、电子货币的支付工具

1. 电子现金

电子现金，也称数字现金，是以数据形式流通的货币，即把现金数值转换成为一系列的加密序列数，通过这些序列数来表示现实中各种金额的币值。用户在开展电子现金业务的银行开设账户并在账户内存钱后，就可以在接受电子现金的商店购物了。

电子现金的主要表现形式为储值卡和信用卡两种。储值卡是某一行业或公司发行的可代替现金使用的 IC 卡或磁卡。信用卡是银行或专门的发行公司发给用户使用的一种信用凭证，是一种把支付与信贷两项银行基本功能融为一体的业务。电子现金具有以下特点：匿名性，支付不可追踪；可以存、取、转让，适用于小的交易量；能够拆分，支付给不同的卖方。

使用电子现金需要具备以下条件：

（1）银行和商家之间应有协议和授权关系。

（2）用户、商家和银行都需使用电子现金软件。

（3）银行负责用户和商家之间资金的转移。

（4）银行验证用户所持的电子现金是否有效，如是否伪造或使用过等。

2. 电子支票

电子支票是采用电子技术实现纸质支票功能的电子货币。其主要特点是，通过计算机通信网络安全移动存款以完成结算。无论是个人还是企业，负有债务的一方，都可以签发支票或其他票据，交给有债权的一方，以结清债务，在约定的日期到来时，持票人将该票据原件提交给付款人，即可领取到现金。

3. 电子钱包

电子钱包是用户在网上购物活动中常用的一种支付工具，是在小额购物或购买小商品时常用的新式钱包。使用电子钱包的用户通常在银行里都是有账户的。在使用电子钱包时，将有关的应用软件安装到电子商务服务器上，利用电子钱包服务系统就可以把自己在电子货币或电子金融卡上的数据输入进去。例如用维萨卡（VISA）或者万事达卡（MasterCard）等收付款时，只要单击一下相应项目或相应图标即可完成。人们常将这种支付方式称为单击式或点击式支付方式。

三、电子支付的含义及特点

1. 电子支付的含义

电子支付是指单位、个人直接或授权他人通过电子终端发出支付指令，实现货币支付与资金转移的行为。电子支付的过程其实是电子货币在计算机网络上的流动过程。电子支付是电子商务系统的重要组成部分。

电子支付交易流程是通过安全套接层协议（Secure Socket Layer，SSL）和安全电子交易协议（Secure Electronic Transaction，SET）来保障支付安全的。SSL 协议层包括两个协议子层：SSL 记录协议与 SSL 握手协议。SSL 记录协议的基本特点是连接是专用的和可靠的。SSL 握手协议的基本特点是能对通信双方的身份进行认证，进行协商的双方的秘密是安全的，协商是可靠的。SET 协议运行的目标包括保证信息在互联网上安全传输、保证电子商务参与者信息的相互隔离、解决网上认证问题、保证网上交易的实时性、规范协议和消息格式。SET 协议所涉及的对象有消费者、在线商店、收单银行、电子货币发行机构以及认证中心。

2. 电子支付的特点

与传统支付方式相比，电子支付具有以下特征：

（1）电子支付是采用先进的技术通过数字流转来完成信息传输的，其各种支付方式都是通过数字化的方式进行款项支付的；而传统的支付方式则是通过现金的流转、票据的转让及银行的汇兑等物理实体来完成款项支付的。

（2）电子支付的工作环境基于一个开放的系统平台（互联网）；而传统支付则是在较为封闭的系统中运作。

（3）电子支付使用的是最先进的通信手段，如互联网，而传统支付使用的则是传统的通信媒介；电子支付对软、硬件设施的要求很高，一般要求有联网的微机、相关的软件及其他一些配套设施，而传统支付则没有这么高的要求。

（4）电子支付具有方便、快捷、高效、经济的优势，用户只要拥有一台能上网的微机，便可足不出户，在很短的时间内完成整个支付过程，支付费用仅相当于传统支付的几十分之一，甚至几百分之一。

电子支付与传统支付的区别如表 4-1 所示。

表 4-1　电子支付与传统支付的区别

比较项目	电子支付	传统支付
款项支付方式	采用先进的信息技术完成信息传输和款项汇兑	通过现金的流转、票据的转让以及银行的汇兑等物理实体完成
工作环境	基于开放的网络平台	在较为封闭的系统中运作
设备要求	使用最先进的通信手段，对软、硬件要求很高	使用传统的通信媒介，对软、硬件要求相对较低
支付效率	在很短的时间内完成支付，费用仅相当于传统支付的几十分之一，甚至几百分之一	支付时间相对较长，效率低，费用高

四、电子支付体系的基本构成

电子支付过程涉及客户、商家、银行或其他金融机构、支付网关、金融专用网、认证中心，因此，支撑电子支付的体系可以说是集购物流程、支付与结算工具、安全技术、认证体系、信用体系、金融体系为一体的综合系统。电子支付体系的组成如图4-1所示。

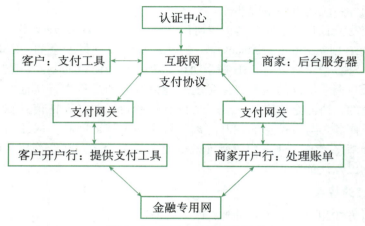

图4-1　电子支付体系的组成

（1）客户。一般是指在互联网上与某企业或商家有商务交易关系并且存在未清偿的债权、债务关系的单位和个人。客户用自己拥有的电子支付工具（如信用卡、电子钱包、电子支票等）发起支付，是电子支付体系运作的原因和起点。

（2）商家。可以根据客户发起的支付指令向中介金融机构请求获取货币的给付，即请求结算。商家一般设置一台专门的服务器来处理这一过程，包括身份认证及不同电子货币支付工具的处理。

（3）客户开户行。即客户在其中拥有资金账户的银行，客户所拥有的电子货币支付工具主要是由开户行提供的。客户开户行在提供电子货币支付工具的时候，同时提供一种银行信用，即保证支付工具是真实的，并且是可以兑付的。在利用银行卡进行电子支付的体系中，客户开户行又被称为发卡行。

（4）商家开户行。即商家在其中开设资金账户的银行，其账户是整个支付与结算过程中资金流向的地方。商家将收到的客户支付指令提交其开户行后，就由开户行进行支付授权的请求，以及进行商家开户行与客户开户行之间的清算工作。商家开户行是依据商家提供的合法账单（客户的支付指令）来工作的，因此又被称为收单行或接收行。

（5）支付网关（Payment Gateway）。支付网关是互联网公用网络平台和银行内部的金融专用网络平台之间的安全接口，电子货币支付的电子信息必须通过支付网关进行处理后才能进入银行内部的支付结算系统，从而完成安全支付的授权。支付网关的建设关系着整个电子支付结算过程的安全和银行自身的安全，这就要求支付网关必须由商家和第三方银行或委托的信用卡发行机构来进行相应的支付结算服务。

（6）金融专用网。即银行内部及各个银行之间进行通信的专用网络，不对外开放，因此具有很高的安全性。在我国国家金融专用网上，运行着中国国家现代化支付系统、中国人民银行电子联行系统、中国工商银行电子汇兑系统、银行卡授权系统等。我国传统商务中的电子货币支付与结算应用，如信用卡 POS 支付结算、ATM 资金存取、电话银行系统，均运行在金融专用网上。

（7）认证中心。它是网上商务的准入者和市场的规范者，就像传统商务中市场监督管理部门的角色，是一个第三方的权威机构。认证中心主要负责为互联网上参与电子商务活动的各方发放与维护数字证书，以确认各方的真实身份，也发放公共密钥和提供数字签名服务支持等，保证电子商务支付与结算的安全有序进行。

素养提升

网络支付的安全问题

《羊城晚报》刊登一则新闻：一电脑"黑客"利用"木马"程序潜入一位从事软件开发的计算机专业人员的电脑，对其进行网上跟踪，并获取了其牡丹灵通卡号及密码后，入侵中国工商银行网上银行系统，分三次划走账户现金……最后被判入狱三年。这在电子支付中只是冰山一角，类似的木马攻击、网络钓鱼等手段可谓多如牛毛。虽然计算机专家在网上银行安全问题上下了极大的功夫，采取了多种措施，然而，网络"黑客"的攻击仍然使专家们头疼不已。安全问题仍旧是电子商务支付中最重要的问题。

我国目前在电子商务的发展中，主要的支付方式是第三方网络平台支付，能有效保证交易双方的交易安全与资金安全。但第三方支付所具有的特性使交易过程仍具有不稳定性，因此从第三方网络支付平台和买卖双方的自身利益角度来看，需要对电子支付及网络安全问题予以充分重视，采取一定的措施来解决存在的安全问题，切实保障交易双方的个人利益。不仅需要政府部门充分发挥监督与管理职能，为第三方网络支付的安全性奠定坚实的法律支持依据，还需要不断提高网络安全支付的技术水平，加强网络支付安全管理力度，提高消费者的安全意识，才能切实保障电子商务的支付安全，充分发挥电子商务企业的便捷性、高效率与低成本的优势，促进电子商务企业的发展。

五、电子支付的主要形式

电子支付的业务类型按电子支付指令发起方式分为网上支付、第三方支付、移动支付、销售点终端交易、自动柜员机交易和其他电子支付形式。而网上支付、第三方支付和移动支付为当今主流的电子支付形式。

1. 网上支付

网上支付是以互联网为基础，利用银行所支持的某种数字金融工具，发生在购买者和销售者之间的金融交换，实现了从买家到金融机构再到商家的在线货币支付、现金流转、资金清算、查询统计等过程。

2. 第三方支付

第三方支付是指与各大银行签约并具备一定实力和信誉保障的独立机构，通过与网联对接而促成交易双方进行交易的网络支付模式。在通过第三方支付平台进行的交易中，买家选购商品后，使用第三方平台提供的账户进行货款支付，由第三方通知卖家货款到达、进行发货；买方检验商品后，通知付款给卖家，第三方再将款项转至卖家账户。

3. 移动支付

移动支付是使用移动设备通过无线方式完成支付的一种新型支付方式。移动支付所使用的移动终端可以是手机、掌上电脑等。随着手机用户的增加和移动通信技术的发展，人们越来越多地利用手机开展商务活动。移动商务已经成为电子商务的重要发展方向，与之相关的移动支付也越来越受到重视。

⭐ 知识链接

电子现金支付方式主要存在什么问题？

（1）成本较高。电子现金对于硬件和软件的技术要求都较高，需要一个大型的数据库存储用户完成的交易和电子现金序列号以防止重复消费。

（2）存在货币兑换问题。由于电子货币仍以传统的货币体系为基础，我国银行只能以人民币的形式发行电子现金，法国银行发行的是以欧元为基础的电子现金，诸如此类，因此从事跨国贸易就必须使用特殊的兑换软件。

（3）风险较大。如果某个用户的硬驱损坏，电子现金丢失，钱就无法恢复，这个风险许多消费者都不能承担。

🖥 任务实施

在本任务开始提到的案例中传统超市如何通过电子支付转变支付模式？我们一起进行分析，将分析结果填入下表。

	电子货币等同于现实货币吗？	电子支付安全吗？
张某		
超市客人		

分析提醒：

1. 电子货币的概念：电子货币是适应信息网络经济时代需要而产生的一种电子化货币，这种货币从形式上而言已与纸币无关，而体现为一串串特殊的电子数据。

2. 风险较大。电子支付的安全性涉及网络安全、信息安全、金融安全等多个方面，具有复杂性。

🖥 同步训练

1. 认证中心在电子货币支付体系中扮演什么角色？

2. 电子支票与传统支票相比，具有哪些特点？
3. 电子现金的支付过程是怎样的？

▶ 任务二　掌握网上支付

任务导入

通过上一任务的学习，王新对于电子货币与电子支付已经有了基本的认识，对电子货币的含义及特点、电子支付的主要工具等内容也有了初步的了解，但是对于案例中提到的网上支付还是存在疑惑。老师安排了一个新的任务，让王新通过本任务的学习，分析项目案例的网上支付是什么、有哪些种类。

知识探究

一、网上支付的定义

网上支付是电子支付的一种重要形式，它是通过第三方提供的与银行之间的支付接口进行的即时支付方式。这种方式的好处在于可以直接把资金从用户的银行卡中转到网站账户中，汇款马上到账，不需要人工确认。客户和商家之间可采用信用卡、电子钱包、电子支票和电子现金等多种电子支付方式进行网上支付，从而节省了交易的开销。

二、网上支付的分类

网上支付按业务来分类，可以分为网上银行支付、第三方平台支付和虚拟货币支付。

1. 网上银行支付

网上银行支付是指客户在银行柜台或银行网站签约网上银行后，利用银行的网上支付系统所进行的资金支付活动。

网上银行服务包括开户、销户、查询、对账、行内转账、跨行转账、信贷、网上证券、投资理财等传统服务项目，客户足不出户就能够安全便捷地管理活期和定期存款、支票、信用卡及个人投资等。

2. 第三方平台支付

第三方平台支付是指利用与银行签约，并具备一定实力和信誉保障的第三方独立机构提供的交易支持平台所进行的资金支付活动。

3. 虚拟货币支付

虚拟货币支付是指利用由网络服务提供商发行的用于购买网络虚拟商品的电子储值

与支付工具（如 Q 币、U 币、各种网站积分、各种游戏币等）所进行的资金支付活动。目前主要的虚拟货币及其使用范围如表 4-2 所示。

表 4-2　目前主要的虚拟货币及其使用范围

币种	发行公司	使用范围
Q 币	腾讯	QQ 会员、QQ 秀、QQ 游戏超级玩家、QQ 交友包月、资料下载等
U 币	新浪	网络游戏点卡、游戏下载、任你邮、网上商城支付等
百度币	百度	百度传情、影视、缴电话费等
POPO 金币	网易	购买道具、POPO 游戏、发免费短信、下载 POPO 表情等
盛大元宝币	盛大	各种盛大服务（盛大音乐、易宝平台）、充值杀毒、看电影等

三、网上支付的业务流程

基于互联网平台的网上支付一般流程如下：

（1）客户接入互联网，通过浏览器在网上浏览商品，选择货物，填写网络订单，选择网上支付结算工具，并且得到银行的授权，如银行卡、电子钱包、电子现金、电子支票或网上银行账号等。

（2）客户核对相关订单信息，对支付信息进行加密，在网上提交订单。

（3）商家服务器对客户的订购信息进行检查、确认，并把相关的、经过加密的客户支付信息转发给支付网关，由金融专用网络的银行后台业务服务器确认。

（4）银行验证确认后，通过建立起来的经由支付网关加密的通信通道，给商家服务器回送确认及支付结算信息，为进一步保障安全，可以给客户回送支付授权请求（也可没有）。

（5）银行得到客户传来的进一步授权结算信息后，把资金从客户账号上划拨至开展电子商务的商家银行账号上，借助金融专用网进行结算，并分别给商家、客户发送支付结算成功信息。

（6）商家服务器收到银行发来的结算成功信息后，给客户发送网络付款成功信息和发货通知。至此，一次典型的网上支付结算流程结束。商家和客户可以分别借助网络查询自己的资金余额信息，以进一步核对。

以上的网上支付一般流程是对目前各种网上支付结算方式应用流程的普遍归纳，不表示各种网络支付方式的应用流程完全相同，但大致遵守该流程。

四、网上银行支付实例

网上银行是互联网平台上的虚拟银行柜台。开通网上银行的用户可以运用浏览器或专有客户端软件来使用银行提供的各种金融服务，如账户查询、转账、网上支付等。与传统渠道（如柜台）相比，网上银行最大的特点是方便快捷。

各银行网上银行的支付功能开通方式不尽相同，用户可持银行卡按相应的流程办理开通手续。网上银行用户包括个人网上银行和企业网上银行。

1. 网上银行基本支付流程

网上银行基本支付流程如图 4-2 所示。

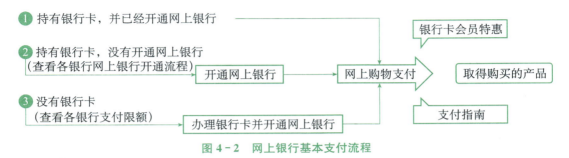

图 4-2　网上银行基本支付流程

2. 网上银行的开通流程

（1）在银行网站页面开通网上银行的流程如图 4-3 所示。

图 4-3　在银行网站页面开通网上银行的流程

（2）前往柜台开通网上银行的流程如图 4-4 所示。

图 4-4　前往柜台开通网上银行的流程

3. 网上银行的功能

以中国工商银行网上银行为例，它的功能按客户类型的不同可分为三种：

（1）静态密码客户（柜台签约但未申领动态口令卡或 U 盾的客户）。

网上支付总累计限额 300 元，限额用完后，需要到柜台申请动态口令卡或 U 盾才能继续使用。

（2）动态口令卡客户。

第一，携带本人有效身份证件及注册网上银行时使用的牡丹卡前往中国工商银行任何一个营业网点，提交网上银行业务申请单（原已在柜台办理过网上银行业务的客户填写变更单申领口令卡），并向柜台申明开通"电子商务"功能。

第二，首次支付前，先登录工行网上银行修改网上银行登录密码、支付密码，密码为数字和字母的组合，并激活口令卡（查看动态口令卡使用介绍）。

第三，单笔支付限额 1 000 元，每日累计支付限额 5 000 元。

第四，口令卡可使用 1 000 次，之后需要前往柜台重新申领。

注意：领到动态口令卡后，首次进行 B2C 交易，必须先登录网上银行一次，才能正常使用。

（3）U 盾用户。

第一，携带本人有效身份证件及注册网上银行时使用的牡丹卡前往中国工商银行任何一个营业网点，提交网上银行业务申请单。

第二，首次支付前，先登录工行网上银行安装驱动、下载证书。

第三，U 盾客户不受交易限额控制，可享受 24 小时大额转账汇款等各种服务。只要是工行个人网上银行客户，携带本人有效身份证件及注册网上银行时使用的牡丹卡到工行营业网点就可以申请 U 盾。

4. 个人网上银行支付的具体操作流程

以中国工商银行为例，个人网上银行支付的具体操作流程如下：

（1）登录中国工商银行网站（www.icbc.com.cn），单击"个人网上银行登录"，如图 4－5 所示。

图 4－5　登录个人网上银行

（2）根据系统提示进行下载工行网银助手和 U 盾数字证书操作，如图 4－6 和图 4－7所示。

图 4－6　下载工行网银助手

图 4-7 下载 U 盾数字证书

（3）根据提示安装安全控件、证书和网银助手，如图 4-8 所示。

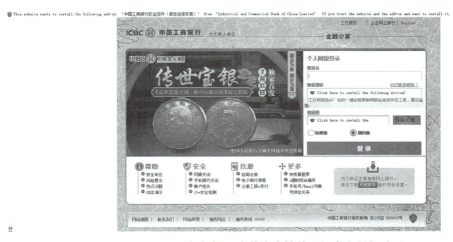

图 4-8 根据提示安装安全控件、证书和网银助手

（4）用户单击"立即注册"，填写相关资料进行注册，如图 4-9 所示。

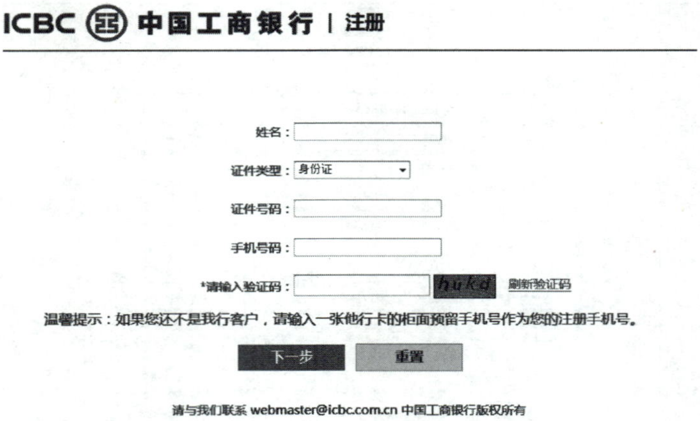

ICBC 中国工商银行 | 注册

姓名：

证件类型：身份证 ▼

证件号码：

手机号码：

*请输入验证码： huka 刷新验证码

温馨提示：如果您还不是我行客户，请输入一张他行卡的柜面预留手机号作为您的注册手机号。

下一步　　重置

请与我们联系 webmaster@icbc.com.cn 中国工商银行版权所有

图 4-9　填写注册用户信息

（5）网银注册成功后，可以进行网上购物，并通过输入银行卡号进行网上支付，如图 4-10 所示。

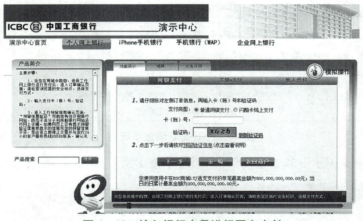

图 4-10　输入银行卡号进行网上支付

（6）选择 U 盾进行网上支付，如图 4-11 所示。

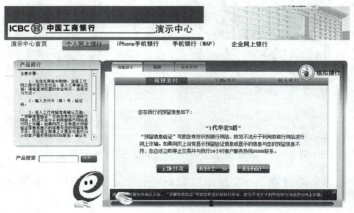

图 4-11　选择 U 盾进行网上支付

（7）确认支付金额后进行提交，如图 4 – 12 所示。

图 4 – 12　确认支付金额并提交

（8）输入 U 盾密码进行验证，如图 4 – 13 所示。

图 4 – 13　输入 U 盾密码

（9）验证通过，支付成功，如图 4 – 14 所示。

图 4 – 14　支付成功

⏩ **知识链接** ▌▌

国内银行网上支付经营模式的特点（以中国工商银行为例）

1. 构建完整的网上银行服务体系

中国工商银行构建了包括企业网上银行、个人网上银行、手机银行、多媒体自助终端等在内的完整的电子银行服务体系，实现了从以点面服务为主的传统服务渠道向现代化的立体式、全方位服务渠道全面转型。

2. 创新网上银行产品与服务

在企业网上银行方面，中国工商银行推出集团理财、网上收费站、银企互联、贵宾室、财务室、网上支付结算等多种国内首创的产品。中国工商银行个人网上银行，不仅具有十四大类、七十余项功能，更配备了 U 盾、口令卡等领衔的安全工具，成为安全级别最高、功能最为全面的网上银行之一。

3. 注重网上银行业务推广

一是通过联合众多合作伙伴推出了丰富多彩的促销和推广活动，吸引了大量客户使用网上银行。

二是开展全方位的网上银行宣传，普及网上银行知识并引导客户体验和使用。

三是积极利用网点开展营销。

▣ **任务实施**

王新对网上支付还是存在疑惑，我们一起回顾案例并进行分析，将分析结果填入下表。

	网上支付是什么？	有哪些种类？
张某		
超市客人		

分析提醒：

网上支付是通过第三方提供的与银行之间的支付接口进行的即时支付方式。

💻 **同步训练** ▌▌

1. U 盾在网上银行中起了什么作用？
2. 网上银行与传统银行相比，具有哪些特点？
3. 怎样进行网上银行支付？

▶ 任务三　掌握第三方支付

📷 **任务导入**

通过前两个任务的学习，王新对于电子货币与电子支付已经有了基本的认识，对电子货币的含义及特点、电子支付的主要工具等内容有了初步的了解，但是对于案例中提到的网上第三方平台支付还是存在疑惑，老师安排了一个新的任务，让王新通过本任务的学习，分析项目案例的第三方支付是什么、有哪些种类。

◎ 知识探究

一、第三方支付的定义

第三方支付，主要是指与各大银行签约并具备一定实力和信誉保障的第三方独立机构，通过与网联对接而进行交易的网络支付模式。

在社会经济活动中，结算归属于贸易范畴，贸易的核心是交换，交换是交付标的与支付货币两大对立流程的统一。在自由平等的主体之间，交换遵循的原则是等价和同步。同步交换，就是交货与付款互为条件，是等价交换的保证。

传统的支付方式往往是简单的即时性直接付转，一步支付。其中钞票结算和票据结算适合当面现货交易，可实现同步交换；汇转结算中的电汇及网上直转也是一步支付，适合隔面现货交易，但若无信用保障或法律支持，会导致异步交换，容易引发非等价交换风险。现实中买方先付款后不能按时按质按量收获标的，卖方先交货后不能按时如数收到价款等引发经济纠纷的事件时有发生。

在虚拟的无形市场，交易双方互不认识、不知根底，故支付问题曾经成为电子商务发展的瓶颈之一。卖家不愿先发货，怕货发出后不能收回货款；买家不愿先支付，担心支付后拿不到商品或商品质量得不到保证。博弈的结果是双方都不愿意先冒险，网上购物无法进行。为迎合同步交换的市场需求，第三方支付应运而生。

二、第三方支付的特点

（1）第三方支付平台提供一系列的应用接口程序，将多种银行卡支付方式整合到一个界面上，负责交易结算中与银行的对接，客户和商家不需要在不同的银行开设不同的账户，可以帮助客户降低网上购物的成本，帮助商家降低运营成本，还可以帮助银行节省网关开发费用。

（2）较之 SSL、SET 等支付协议，第三方支付平台的支付操作更加简单。SSL 协议是应用比较广泛的安全协议，但它不能协调各方之间的安全传输和信任关系。SET 协议是基于信用卡支付系统的比较成熟的技术，但在 SET 协议中，各方的身份都需要通过 CA 认证中心进行认证，程序复杂，手续繁多，速度慢且实现成本高。有了第三方支付平台，商家和客户之间的支付由第三方来完成，使网上交易变得更加简单。

（3）第三方支付平台本身依附于大型的门户网站，且以与其合作的银行的信用作为信用依托，因此第三方支付平台能够较好地突破网上交易中的信用问题，有利于推动电子商务的快速发展。

从理论上讲，第三方支付平台的出现杜绝了电子交易中的欺诈行为，这也是由它的

以上特点决定的。

三、第三方支付的分类

国内的第三方支付主要包括以下几类：

（1）网上支付，如支付宝、财付通等。

（2）预付卡（购物卡）的发行与受理，如联华 OK 卡、华润万家卡。

（3）银行卡收单（POS 收单业务）。

（4）中国人民银行确定的其他支付服务。

它们的共同点是：都在为商家和客户提供支付的渠道和介质。它们的不同点是：网上支付提供的是线上支付渠道；预付卡提供的是银行卡以外的支付介质；银行卡收单提供的是线下支付渠道。

四、第三方支付的业务流程

以 B2C 交易为例，第三方支付的业务流程如下：

第一步，客户在电子商务网站上选择商品，决定购买，买卖双方在网上达成交易意向；

第二步，客户选择利用第三方作为交易中介，将货款划入第三方账户；

第三步，第三方支付平台将客户已经付款的消息通知商家，并要求商家在规定时间内发货；

第四步，商家收到通知后按照订单发货；

第五步，客户收到货物并验证后通知第三方；

第六步，第三方将其账户上的货款划入商家账户中，交易完成。

五、常用的第三方支付平台

1. 支付宝

支付宝是目前广泛使用的第三方支付平台，除为阿里巴巴旗下的购物网站提供支付服务外，它还提供网购担保交易、网上支付、转账、信用卡还款、手机充值、水电燃缴费等多个领域的支付服务。此外，支付宝还推出了余额宝等理财服务。支付宝的业务流程如图 4-15 所示。

2. 快钱

快钱是国内领先的独立第三方支付企业，其推出的支付产品包括人民币支付、外卡支付、充值卡支付、VPOS 支付等，支持互联网、手机、电话和 POS 机等多种终端，满足各类企业和个人的不同支付需求。

用户可以注册快钱账户，通过银行卡、银行账户、网银转账或线下充值等方式为快

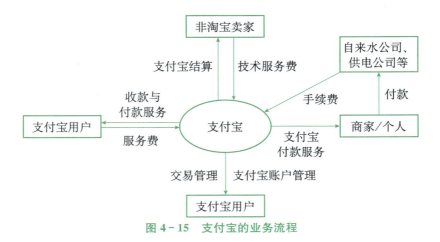

图 4 - 15　支付宝的业务流程

钱账户充值，充值完成后即可用账户内的资金安全轻松地进行在线支付。

通过快钱账户的网上付款功能，用户可以轻松地把货款在线支付给收款方，付款方式包括：

（1）付款到快钱账户：把用户快钱账户内的资金支付到收款方的快钱账户内。如果收款方还没有注册快钱，用户需要正确提供对方的电子邮箱并进行付款操作。收款方只需用该电子邮箱注册登录快钱，就能顺利收到货款。

（2）付款到银行账户：把用户快钱账户内的资金支付到收款方的银行账户内。

快钱支付是快钱推出的电子收付款平台，可以帮助商家迅速搭建安全便捷的电子支付系统。快钱推出的产品与服务包括：

（1）人民币支付：支持全球近 27 亿张银行卡，包括快钱账户支付、线下支付及电话支付。

（2）充值卡支付：支持神州行、联通、电信等年发行量过亿的充值卡的在线支付。

（3）外卡在线支付：支持 VISA 卡和万事达卡在线支付。

（4）B2B 支付：提供企业与企业之间资金往来的服务。

（5）VPOS 支付：支持包括五大外卡在内的全球近 27 亿张银行卡支付，使用时无须开通网银。

（6）快易付：支持自动定期付款，省去多次操作的麻烦。

快钱支付使商家避免了与每家银行单独签订协议的烦琐手续和搭建支付平台的技术挑战，大大降低了商家交易的门槛，帮助各类企业和个人商家解决电子商务中的支付问题，使商家突破支付瓶颈，获得安全便捷的支付渠道。

与支付宝类似，除网上支付功能外，快钱也提供了公共事业缴费服务，用户可以通过快钱平台缴纳水、电、燃气等费用。

任务实施

第三方平台支付是什么？有哪些种类？我们一起回顾案例并进行分析，将分析结果填入下表。

第三方支付	有哪些种类？

分析提醒：

第三方支付主要是指与各大银行签约并具备一定实力和信誉保障的第三方独立机构，通过与网联对接而进行交易的网络支付模式。第三方支付分为网上支付、预付卡（购物卡）的发行与受理、银行卡收单（POS 收单业务）。

同步训练

1. 第三方支付在电子商务中起什么作用？
2. 支付宝具有哪些优点？
3. 怎样进行第三方支付？

▶ 任务四　掌握移动支付

任务导入

通过前三个任务的学习，王新对于网上支付的种类和支付方式已经有了基本的认识和初步的了解，但是随着 5G 时代的到来，移动互联网越来越普及，移动端可不可以直接进行支付呢？老师安排了一个新的任务，让王新通过本任务的学习，分析项目案例中的移动端支付方式有哪些。

知识探究

一、移动支付的定义

移动支付也称为手机支付，是指用户使用移动终端（通常是手机）对所消费的商品或服务进行账务支付的一种服务方式。单位或个人通过移动设备、互联网或者近距离传感直接或间接向银行金融机构发送支付指令，产生货币支付与资金转移行为，从而实现移动支付功能。移动支付将终端设备、互联网、应用提供商以及金融机构进行融合，为用户提供货币支付、缴费等金融服务。

二、移动支付的特点

移动支付属于电子支付方式的一种，因而具有电子支付的普遍特征，但因其与移动通信技术、无线射频技术、互联网技术相互融合，又具有自身的独特性。

1. 移动性

移动设备可随身携带的移动性，消除了距离和地域的限制。移动设备结合了先进的移动通信技术的移动性，使用户可以随时随地获取所需要的服务、应用和信息。

2. 及时性

不受时间、地点的限制，信息获取更为及时，用户可随时对账户进行查询、转账或进行购物消费。

3. 定制化

基于先进的移动通信技术和简易的手机操作界面，用户可定制自己的消费方式和个性化服务，账户交易更加简单方便。

4. 集成性

以手机为载体，通过与终端读写器近距离识别进行的信息交互，运营商可以将移动通信卡、公交卡、地铁卡、银行卡等各类信息整合到以手机为平台的载体中进行集成管理，并搭建与之配套的网络体系，从而为用户提供十分方便的支付以及身份认证渠道。

移动支付业务最初是由移动运营商、移动应用服务提供商（MASP）和金融机构共同推出，构建在移动运营支撑系统上的一个移动数据增值业务应用。移动支付系统为每个移动用户建立一个与其手机号码关联的支付账户，功能相当于电子钱包，为移动用户提供了一个通过手机进行交易支付和身份认证的途径。用户通过拨打电话、发送短信或者使用 WAP（无线应用协议）功能接入移动支付系统，移动支付系统将此次交易的要求传送给 MASP，由 MASP 确定此次交易的金额，并通过移动支付系统通知用户，在用户确认后，可通过多种途径实现付费，如直接转入银行、用户电话账单或者实时在专用预付账户上借记，这些都由移动支付系统（或与用户和 MASP 开户银行的主机系统协作）来完成。随着第三方支付平台进入移动互联网领域，移动支付方式更加多样，如微信支付也被广泛应用。

三、移动支付的分类

1. 按用户支付的额度，可分为微支付和宏支付

微支付是指支付金额较小的支付行为，通常是指购买移动内容业务，如下载游戏、视频等。

宏支付是指交易金额较大的支付行为，如在线购物等。

两者之间最大的区别就在于安全要求级别不同。对于宏支付来说，通过可靠的金融机构进行交易鉴权是非常必要的；而对于微支付来说，使用移动网络本身的 SIM 卡鉴权机制就足够了。

2. 按完成支付所依托的技术条件，可分为近场支付和远程支付

近场支付是指通过具有近距离无线通信技术的移动终端进行货币资金转移的支付方式，如用手机刷卡坐车、购物等。

远程支付是指通过移动网络，利用短信、GPRS 等空中接口和后台支付系统建立连

接，实现转账、消费等支付功能。

3. 按支付账户的性质，可分为银行卡支付、第三方账户支付、通信代收费账户支付

银行卡支付是指直接采用银行借记卡或贷记卡账户进行支付的形式。

第三方账户支付是指为用户提供与银行或金融机构支付结算系统接口的通道服务，实现资金转移和支付结算功能的一种支付服务。第三方支付机构作为双方交易的支付结算服务的中间商，需要提供支付服务通道，并通过第三方支付平台实现交易和资金转移结算安排的功能。

通信代收费账户支付是指用户无须开通即可通过短信、网站等方式，随时随地使用话费账户购买合作商家提供的商品和服务的支付方式。

4. 按支付的结算模式，可分为即时支付和担保支付

即时支付是指支付服务提供商将交易资金从买家账户即时划拨到卖家账户。一般应用于"一手交钱一手交货"的业务场景（如商场购物），或应用于信誉度很高的B2C。

担保支付是指支付服务提供商先接收买家的货款，但并不马上划拨给卖家，而是通知卖家货款已冻结，卖家发货；买家收到货物并确认后，支付服务提供商再将货款划拨到卖家账户。支付服务提供商不仅负责资金的划拨，同时还要为互不信任的买卖双方提供信用担保。担保支付业务为开展基于互联网的电子商务，特别是没有信誉度的C2C交易以及信誉度不高的B2C交易提供了基础。目前担保支付做得比较成功的是支付宝。

5. 按用户账户的存放模式，可分为在线支付和离线支付

在线支付是指用户账户存放在支付服务提供商的支付平台中，用户消费时，直接在支付平台的用户账户中扣款。

离线支付是指用户账户存放在智能卡中，用户消费时，直接通过POS机在用户智能卡的账户中扣款。

四、移动支付的业务流程

（1）购买请求：消费者浏览商品信息并发出购买请求。

（2）收费请求：在购买请求完成后，通过手机支付系统发送支付请求。

（3）认证请求：通过手机支付系统发送请求至发卡银行认证。

（4）认证：发卡银行进行用户身份信息认证。

（5）授权请求：通过认证后，手机支付系统发送请求至发卡银行授权。

（6）授权：发卡银行授权用户进行缴费，并把信息传送至缴费中心。

（7）收费完成：缴费中心经过发卡银行认证和请求后完成缴费。

（8）支付完成：缴费中心通过手机支付系统返回处理完成的结果，支付完成。

五、中国移动手机支付流程 （以游戏商户百游汇通为例）

（1）进入百游网站，在充值方式中选择"中国移动手机支付"，如图4-16所示。

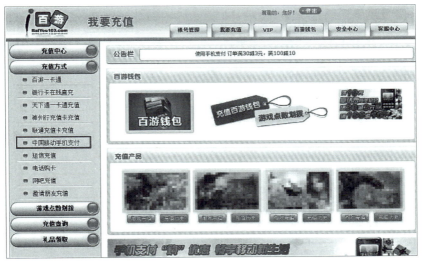

图 4 - 16 在百游网站选择"中国移动手机支付"

　　（2）选择需充值的游戏产品，并输入金额、账号等信息，单击"确定"，如图 4 - 17 所示。

图 4 - 17 输入支付信息

　　（3）确认充值信息，单击"确定"，如图 4 - 18 所示。

　　（4）自动跳转到手机支付的收银台页面，如图 4 - 19 所示。

　　1）若您不是手机支付用户，请单击右侧"注册"按钮，跳转到第 5 步；

　　2）若您已是手机支付用户，请输入手机号及支付密码，单击"下一步"，跳转至第 7 步。

　　（5）注册的前提必须是中国移动手机号码，输入手机号码，并单击"获取验证码"，将手机收到的短信验证码输入，同时勾选"同意开户协议"，单击"下一步"，填写注册信息，如图 4 - 20 和图 4 - 21 所示。

图 4 – 18　确认充值信息

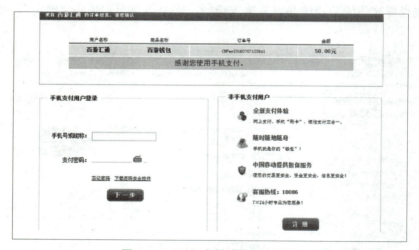

图 4 – 19　手机支付的收银台页面

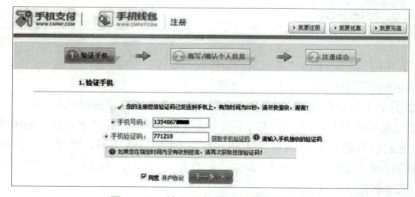

图 4 – 20　输入手机号码并获取验证码

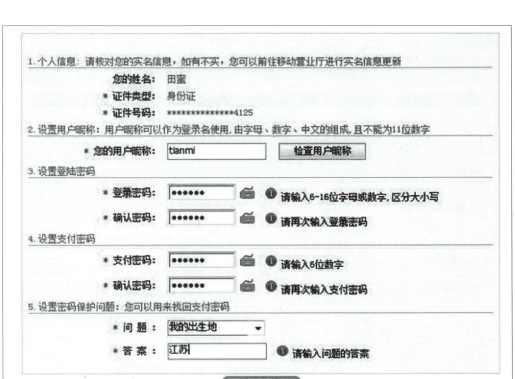

图 4-21 填写注册信息

（6）注册成功页面如图 4-22 所示。返回登录页面，输入刚注册完成的手机号码以及已设置好的支付密码，如图 4-23 所示，单击"下一步"。

图 4-22 注册成功后返回

（7）系统自动检测账户余额，若不足以支付该订单，可在选择银行后单击"去银行支付差额"，跳转到银行支付页面，进行支付操作，如图 4-24 和图 4-25 所示。

图 4 - 23 输入注册的手机号及支付密码

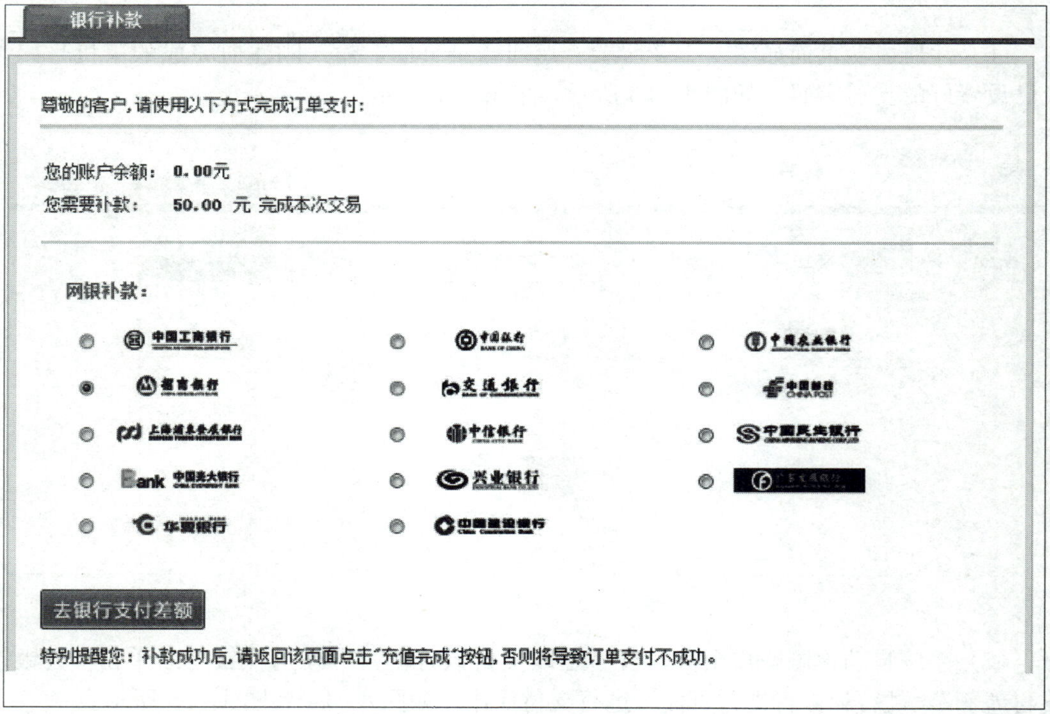

银行补款

尊敬的客户,请使用以下方式完成订单支付:

您的账户余额： 0.00元
您需要补款： 50.00 元 完成本次交易

网银补款：

去银行支付差额

特别提醒您：补款成功后,请返回该页面点击"充值完成"按钮,否则将导致订单支付不成功。

图 4 - 24 选择"去银行支付差额"

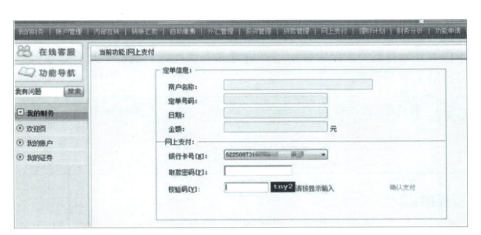

图 4 – 25　跳转到银行支付页面

（8）充值后，返回补款页面，单击"充值完成"，如图 4 – 26 所示。

图 4 – 26　单击"充值完成"

（9）支付成功界面如图 4 – 27 所示。

图 4 – 27　支付成功界面

任务实施

在本任务开始提到的案例中移动端支付方式有哪些呢？我们一起回顾案例并进行分析，将分析结果填入下表。

移动端支付方式	有哪些种类？

分析提醒：

移动支付的分类：（1）按用户支付的额度，可分为微支付和宏支付；（2）按完成支付所依托的技术条件，可分为近场支付和远程支付；（3）按支付账户的性质，可分为银行卡支付、第三方账户支付、通信代收费账户支付；（4）按支付的结算模式，可分为即时支付和担保支付；（5）按用户账户的存放模式，可分为在线支付和离线支付。

同步训练

移动支付的发展瓶颈

1. 运营商和金融机构间缺乏合作

目前，国内移动支付不同商业模式并存，运营商、金融机构、移动支付第三方虽然已经在不同程度上建立起合作关系，但总的来看，主导者、合作方以及运营模式不统一；此外，不同主导方所采用的技术方案有差别，实现移动支付功能的载体及其工作频段不统一。上述两方面的差异，提高了国内移动支付推广的成本，为国内移动支付更快地普及带来了一定的障碍。

2. 交易的安全问题没有得到很好的解决

移动支付的安全问题一直是移动支付快速推广的一个瓶颈。信息的机密性、完整性、不可抵赖性、真实性，支付模式、身份验证、支付终端（手机）的安全性，移动支付各环节（合同签订、发货、付款、违约、售后责任、退货、纳税、发票开具、支付审计等）的法律保障都是影响移动支付发展的重要因素。

3. 缺乏统一的行业标准

从国内移动支付业务的开展情况来看，目前仍然缺乏统一的被广泛认可的支付安全标准。首先应加强用于移动支付安全保障的信息安全基础和通用标准的研制，为移动支付的安全保障提供基础性技术支撑；同时，加强支撑移动支付业务应用的 RFID（射频识别技术）标准的研制，突破 RFID 空中接口安全保障技术，加快具有自主知识产权的 RFID 空中接口协议的制定；国内移动支付产业链中各部门应加强合作，制定通用的移动支付安全保障流程、协议、安全管理等标准，保障移动支付业务系统的互联互通，促进移动支付产业的安全、快速、健康发展。只有建立一个相对完善的业内标准，才能给用户提供一个诚信的支付环境。

【问题】

1. 移动支付在电子商务中起什么作用？
2. 微支付和宏支付各具有哪些优点？
3. 移动支付的流程是怎样的？

德技并修

中国电子支付领先西方　同业称是真正的金融科技

中国有两大电子支付企业，其一是阿里巴巴旗下的支付宝，其二是腾讯旗下的微信支付。这两大巨头无论是在技术先进性、用户友好度、用户数量甚至其他方面都要遥遥领先于西方竞争对手。

据研究公司易观国际的调查数据显示，从规模上看，这两家公司 2020 年单一月份的支付金额都超过了美国著名电子支付公司 PayPal 2017 年全年的 4 510 亿美元。

在许多方面，拥有 5.2 亿月活跃度客户的支付宝和拥有 10 亿月活跃度客户的微信都预示着全球电子支付行业的未来，相比之下，苹果支付在全球只有 1.27 亿用户。

推动移动支付增长的因素是传统银行业的发展不足，银行客户不得不在大量的城市分行排队、等待；中国的千禧一代对于科技变革更加开放，对这些已经占据日常高频使用场景的大公司予以信任。

数字银行专家、《数字人类》一书的作者克里斯·斯金纳表示，电子支付之所以能够在中国实现爆发式的增长，是因为大部分中国人没有信用卡，所以当移动支付应用程序问世时，立即流行，中国的市场是基于这一独特的环境。

广泛接入的互联网、发达的移动网络和智能手机的兴起是加速电子支付的催化剂。

思政点拨：

党的二十大报告指出，"必须坚持科技是第一生产力"，坚持"科技自立自强"。在经济领域，这就要求做到加快实施创新驱动发展战略，强化企业科技创新主体地位，发挥科技型骨干企业引领支撑作用，营造有利于科技型企业成长的良好环境，推动创新链、产业链、资金链、人才链深度融合。中国领先的电子支付技术就是科技发展与经济深度融合的典型代表。

考证园地

一、单选题

1. （　　）是一种表示现金的加密序列数，可以用来表示现实中各种金额的币值。

A. 电子支票　　　　　B. 现金　　　　　　C. 电子现金　　　　　D. 电子货币

2. 下列选项中，不属于目前网上常用的电子货币的是（　　）。

A. 储值卡型电子货币　　　　　　　　　B. 银行卡型电子货币

C. 电子支票　　　　　　　　　　　　　D. 电子现金

3. 为了确保安全，防止伪造，电子现金在实际应用中，主要用到了（　　）技术。

A. 数字签名　　　　B. 数字证书　　　　C. 盲签名　　　　D. 数字摘要

4. 下列网上支付工具不适合进行小额支付的是（　　）。

A. 电子现金　　　　　　　　　　　　B. 电子支票

C. 银行卡支付系统　　　　　　　　　　D. 信用卡支付系统

5. 下列不属于第三方支付的是（　　）。

A. 支付宝　　　　　B. 快钱　　　　　C. 财付通　　　　　D. 电子钱包

6. 下列属于移动支付的是（　　）。

A. 手机支付　　　　　B. 电子钱包　　　　　C. 财付通　　　　　D. Q币支付

二、多选题

1. 电子现金的支付过程包括（　　）。（"网店运营推广"考证真题）

A. 购买并储存电子现金　　　　　　　B. 用电子现金购买商品或服务

C. 资金清算　　　　　　　　　　　　D. 确认订单

2. 网上银行与传统银行相比具有的竞争优势有（　　）。

A. 可以降低银行的经营和服务成本，从而降低客户的交易成本

B. 可以突破地域和时间的限制，向客户提供个性化的金融服务产品

C. 利用其信息技术和信息资源，可以为商业银行提供竞争所需要的知识要素和竞争
手段

D. 可以帮助银行抢占更多的客户市场

3. 网上支付活动的主要参与者包括（　　）。

A. 卖家　　　　　　　　　　　　　　B. 买家

C. 银行　　　　　　　　　　　　　　D. 第三方支付商

4. 支付宝支付功能的使用步骤包括（　　）。

A. 买家付款给支付宝　　　　　　　　B. 卖家发货给买家

C. 买家收到货物后确认支付　　　　　D. 支付宝付款给卖家

5. 按支付方式可将电子货币分为（　　）。（"电子商务师"考证真题）

A. 储值卡型电子货币　　　　　　　　B. 银行卡型电子货币

C. 电子支票　　　　　　　　　　　　D. 电子现金

6. 电子支票的应用过程包括的步骤有（　　）。

A. 买方购买电子支票

B. 买方使用电子支票付款

C. 卖方定期进行电子支票清算

D. 卖方定期将电子支票存入银行，银行实现清算

7. 下列属于储值卡型电子货币的有（　　）。

A. 电话充值卡　　　B. 商场购物卡　　　C. 加油卡　　　　D. 公交乘车卡

8. 下列说法正确的是（　　）。（"互联网营销师"考证真题）

A. 银行卡型电子货币是实现了电子化应用的信用卡

B. 信用卡的最大特点是同时具备信贷与支付两种功能

C. 信用卡就是目前我国发行的银行卡

D. 银行卡型电子货币在支付时通常只涉及持卡人和银行

三、名词解释

1. 电子货币
2. 网上支付
3. 第三方支付
4. 移动支付

四、简答题

1. 简述电子货币的特点。
2. 比较网上支付与第三方支付的异同点。
3. 比较网上支付、第三方支付和移动支付的优缺点。（"网店运营推广"考证真题）
4. 国内第三方支付主要有哪几种模式？

五、模拟实操

通过支付宝网站（或选择其他电子商务网站）模拟办理网上支付、第三方支付和移动支付业务，并记录操作步骤。

电子商务安全技术

情境导入

通过前几个项目的学习，王新强烈地意识到，随着电子商务在全球范围内的迅猛发展，电子商务中的网络安全问题日渐突出。在电子商务交易中，商家、客户和银行等各参与方是通过开放的互联网连接在一起的，相互之间的信息传递也要通过互联网来进行，这一特点使交易的风险性和不确定性增加，从而对网络传递过程中数据的安全性和保密性提出了更高的要求，尤其对于电子商务支付中涉及的敏感数据，则更需确保万无一失。

电子商务的安全是一个复杂的管理问题。企业内部网络的环境已经很复杂，而当把企业内部网与完全开放的互联网相连时，整个系统的安全性、可靠性及可管理性等方面就更加难以控制。另外，电子商务方面的法律法规还不完善，不能很好地制约网络犯罪。因此，老师布置一个关于学习电子商务安全技术的任务，让王新加强对电子商务安全技术的认知。

学习目标

● **知识目标**

1. 掌握电子商务安全的概念、电子商务面临的安全问题及安全要求。
2. 了解网络安全技术。
3. 掌握电子商务安全交易认证技术。
4. 了解常用的电子商务安全交易协议。

● **技能目标**

1. 掌握 CA 认证的实际操作。
2. 掌握如何尽可能地避免电子商务交易的风险。

● **素养目标**

培养学生的动手能力和团队合作精神。

项目案例

近日，淘宝网上大量商品标价 1 元，引发网民哄抢，但是之后许多订单被淘宝网取消。随后，淘宝网发布公告称，此次事件为第三方软件"团购宝"交易异常所致。部分网民和商户询问"团购宝"客服得到自动回复称："服务器可能被攻击，已联系技术紧急处理。"这起"错价门"事件暴露出来的我国电子商务安全问题不容小觑。在此次"错价门"事件中，消费者与商家完成交易，买卖双方之间形成了合同关系。

▶ 任务一 学习电子商务安全

任务导入

老师给王新布置任务，让王新对项目案例中的团购宝及作为第三方交易平台的淘宝网关闭交易的行为进行分析，思考这种行为是否合法、是否涉及电子商务安全问题。

知识探究

美国密歇根大学对 23 000 名互联网用户的调查显示，超过 60% 的人由于电子商务的安全问题而不愿进行网上购物。任何个人、企业或商业机构以及银行都不会通过一个不安全的网络进行商务交易，这样会导致商业机密信息或个人隐私的泄露，从而导致巨大的利益损失。根据中国互联网络信息中心（CNNIC）的调查情况，在电子商务方面，多数用户最关心的是交易的安全可靠性。由此可见，电子商务中的网络安全和交易安全问题是实现和推广电子商务的关键之所在。

一、电子商务安全的基本概念

电子商务系统是一个计算机网络系统，其安全性是一个多层次、多方位的系统概念。从广义上讲，电子商务安全不仅与计算机系统结构有关，还与电子商务应用的环境、人员素质和社会因素有关，包括电子商务系统的硬件安全、软件安全、运行安全及电子商务安全立法等方面。

（1）电子商务系统硬件安全：硬件安全是指保护计算机系统硬件（包括外部设备）的安全，保证其自身的可靠性和为系统提供基本安全机制。

（2）电子商务系统软件安全：软件安全是指保护软件和数据不被篡改、破坏和非法复制。软件安全的目标是使计算机系统逻辑上安全，主要是使系统中信息的存取、处理和传输满足系统安全策略的要求。根据计算机软件的组成，软件安全可分为操作系统安全、数据库安全、网络软件安全和应用软件安全。

（3）电子商务系统运行安全：运行安全是指保护系统能连续和正常地运行。

（4）电子商务安全立法：电子商务安全立法是指对电子商务犯罪行为的约束，它是利用国家机器，通过安全立法，体现与犯罪行为作斗争的国家意志。

从狭义上讲，电子商务安全是指电子商务信息的安全，主要包括两个方面：信息的存储安全和信息的传输安全。

综上所述，电子商务安全是一个复杂的系统问题。计算机网络安全与商务交易安全是紧密相连的，两者相辅相成。如果没有计算机网络安全作为基础，商务交易安全就犹如海市蜃楼，无从谈起。没有商务交易安全的保障，即使有再安全的计算机网络，也无法达到电子商务所特有的安全要求。

二、电子商务系统面临的安全问题

1. 网络系统安全问题

电子商务网络系统安全问题包括以下几个方面：
（1）网络部件的不安全因素。
（2）软件的不安全因素。
（3）工作人员所造成的不安全因素。
（4）自然环境因素。

2. 电子支付系统安全问题

目前，电子支付系统面临的安全问题主要有以下几个方面：
（1）支付账号和密码等隐私支付信息在网络传送过程中被窃取或盗用。
（2）支付金额被更改。
（3）不能有效验证收款人的身份。

3. 认证系统安全问题

电子商务认证系统所面临的安全问题包括以下几个方面：
（1）信息泄露。
在电子商务中，信息的泄露主要表现为商业机密的泄露，包括两个方面：
1）交易双方进行交易的内容被第三方窃取；
2）第三方非法使用交易一方提供给另一方使用的文件，如信用卡的账号和用户名等。
（2）篡改。
篡改是指攻击者未经授权进入电子商务系统，使用非法手段删除、修改、重发某些重要信息，破坏数据的完整性，损害他人的经济利益，或干扰对方的正确决策，造成电子商务交易中的信息风险。
（3）身份识别问题。
在网络交易中如果双方不进行身份识别，第三方就有可能假冒交易一方的身份，破坏交易、破坏被假冒一方的信誉或盗取被假冒一方的交易成果等。进行身份识别后，交易双方就可防止出现相互猜疑的情况。
（4）蓄意否认事实。
由于商情的变化，商务合同一旦签订就不能被否认，否则必然会有一方的利益被损害，因此是不能蓄意否认合同的。

4. 电子商务相应的法律问题

随着经济全球化的发展，网络经济正以迅雷不及掩耳之势席卷世界经济的各个层面，此领域的犯罪行为和手段也越来越多。因此，所涉及的相关法律问题也非常多，如电子合同中的法律问题、银行电子化服务的法律问题、电子商务中的消费者权益保护问题等。

素养提升

压实网站平台主体责任，维护清朗的网络环境

2022 年 1 月，安徽网信系统持续清理整治互联网违法和不良信息，不断加大网上各类违法违规网站账号处罚力度，会同安徽省通信管理局依法查处 73 家违法违规网站，协调有关平台依照用户服务协议关闭或禁言违法违规账号 436 个，清理各类违法和有害信息 1 822 条。根据网民举报线索，并经查实，"安徽燕之喃健康咨询服务有限公司"等 6 家网站因被不法分子盗用，传播色情、赌博类信息，依法予以关闭。安徽阜阳、滁州、宿州、池州等网信部门严格落实属地管理责任，会同相关部门联合约谈"188 手机论坛""风过无痕"等违规网站平台负责人和账号运营者 34 人次，责令 67 家网站自行注销备案或关闭网站。安徽全省网信系统强化属地管理责任，压实网站平台主体责任，剑指网络乱象，切实维护清朗的网络环境。

三、电子商务的安全要求

电子商务是通过网络传输商务信息来进行贸易的，比传统贸易减少了票据传递和确认等环节，因此，电子商务比传统贸易更需要安全性和可靠性。面对交易过程中遇到的问题，电子商务的安全要求有以下几个方面。

1. 信息的保密性

信息的保密性是指信息在传输过程中或存储中不被他人窃取。在电子商务交易中，信息指交易双方的机密，在开放的网络环境中商业机密的保护十分重要。

交易中的商务信息有保密的要求。如信用卡的账号和用户名被人知悉，就可能被盗用；订货和付款的信息被竞争对手获悉，就可能丧失商机。因此，在电子商务的信息传播中一般均有加密的要求。

2. 信息的可确认性和交易者身份的确定性

网上交易的双方一般素昧平生，相隔千里。要使交易成功，首先要能确认对方的身份，对商家而言要考虑客户是否是真实的购买者，而客户也会担心网上的商店是不是一个弄虚作假的黑店。因此，能方便而可靠地确认对方身份是交易的前提。

3. 信息的不可否认性

信息的不可否认性是指信息的发送方不能否认已发送的信息，接收方不能否认已收到的信息。在传统交易中，交易双方是以"白纸黑字"进行交易的；而在电子商务交易中，想通过传统方式来防止抵赖是行不通的，因此，需要在交易过程中提供可靠的标识，这样才能使信息的发送方和接收方都无法抵赖。

4. 信息的不可修改性

交易的文件是不可被修改的，如能随意改动文件内容，那么交易本身便是不可靠的，客户或商家可能会因此而蒙受损失。所以电子交易文件要能做到不可修改，以保障交易的严肃和公正。

5. 系统的可靠性

电子商务系统的可靠性是指防止计算机失效、程序错误、传输错误等引起的计算机信息失效或失误。

6. 信息的有效性

电子商务以电子形式取代了纸张，保证电子交易信息的有效性是发展电子商务的前提。电子商务作为交易的一种形式，其信息是否有效直接关系到交易双方的利益和声誉。因此，要对各种安全事项进行防范和控制，以保证交易数据确定的时间、地点是有效的。

☆ 知识链接

对称加密和非对称加密

对称加密是采用单钥密码系统的加密方法，同一个密钥可以同时用于加密和解密。对称加密算法速度快，通常在消息发送方需要加密大量数据时使用；但其密钥传输的过程不安全，且容易被破解。

非对称加密需要两个密钥：公开密钥和私有密钥。如果用公开密钥对数据进行加密，只有用对应的私有密钥才能解密。非对称加密保密性较好，但由于其算法复杂，加密解密速度没有对称加密快。

▣ 任务实施

对项目案例中的团购宝及作为第三方交易平台的淘宝网关闭交易的行为进行分析：这种行为是否合法？是否涉及电子商务安全问题？我们一起回顾案例并将分析结果填入下表。

	是否涉及电子商务安全问题？
团购宝	
淘宝网	

分析提醒：

1. 消费者与商家完成交易，买卖双方之间形成了合同关系。按照我国现行法律法规，淘宝网的行为涉嫌侵犯了消费者的自由交易权，损害了消费者的合法权益，应赔礼道歉并赔偿消费者的相应损失。

2. 消费者与商家达成交易过程中，消费者提供了个人交易信息，很有可能导致信息泄露，从而涉及电子商务安全问题。

2012 年 1 月，亚马逊旗下美国电子商务网站美捷步（Zappos）遭到黑客网络攻击，2 400 万用户的电子邮件和密码等信息被窃取。同年 7 月，雅虎、领英（Linkedin）和安卓论坛累计超过 800 万用户信息泄露，而且让人堪忧的是，部分网站的密码和用户名称是以未加密的方式储存在纯文字档案内，意味着所有人都可使用这些信息。

【问题】

（1）电子商务网站 Zappos 遭到黑客网络攻击，2 400 万用户的电子邮件和密码等信息被窃取，以及雅虎、Linkedin 和安卓论坛累计超过 800 万用户信息泄露，是否涉及电子商务网络安全问题？

（2）此案例违背了电子商务安全要求中的哪些方面？

▶ 任务二　学习电子商务安全技术

任务导入

通过上一任务的学习，王新对电子商务安全已经有了基本的认识，明白了在电商交易中可能存在信息泄露等电子商务安全问题。案例中提到"团购宝"的服务器可能被攻击这一问题，是否涉及电子商务安全问题呢？老师安排了一个新的任务，让王新通过本任务的学习，分析电子商务安全技术有哪些类型。

知识探究

一、网络安全技术

1. 防火墙技术

（1）防火墙的概念。

防火墙是指由软件和硬件设备组合而成，在内部网和外部网之间、专用网与公共网之间的界面上构造的保护屏障。

即使在一个单位内部，各部门之间往往也需要相互隔离。例如，在大学校园中，管理网和学生的计算机网要有一定的隔离；在医院，管理网和病人病历记录网也要分开，以保护病人隐私，这些都要由防火墙来解决。防火墙在网络中的位置，如图 5 - 1 所示。

（2）防火墙的分类。

1）系统防火墙。

系统防火墙即电脑上系统自带的防火墙，它监视电脑的一切动作，保护电脑不受病

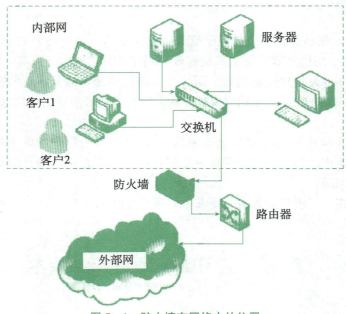

图 5-1　防火墙在网络中的位置

毒的侵害。

HIPS 类软件也可以称为系统防火墙，虽然它不能杀毒，但是如果规则设得好，其防毒功能不亚于杀毒软件。因为它能监视电脑上每个文件的一举一动，即使再厉害的新种病毒也拿它没有办法。HIPS 类软件是较为理想的防毒手段，但是因为很多好的 HIPS 类软件都是手动操作的，上手难，所以用的人很少。

2）网络防火墙。

网络防火墙即我们常说的防火墙，主要用来防御网络上的攻击，如木马攻击、黑客攻击等。

3）ARP 防火墙。

这是局域网中有必要使用的防火墙，可防止局域网病毒攻击、P2P 控制等。

（3）防火墙的安全策略。

防火墙的安全策略有两种：

1）没有被列为允许访问的服务都是被禁止的。这意味着需要确定所有可以被提供的服务以及它们的安全特性，开放这些服务，并将所有其他未列入的服务排斥在外，禁止访问。

2）没有被列为禁止访问的服务都是被允许的。这意味着首先确定那些被禁止的、不安全的服务，以禁止它们被访问，而其他服务则被认为是安全的，允许访问。

（4）防火墙不能对付的威胁。

1）来自内部的攻击。防火墙不能防范内部用户对资源的攻击，防火墙只是设在内部网和外部网之间、对其间的信息流进行干预的安全措施。在一个单位内部，各部门之间设置的防火墙也具有类似特点，都不能用于防范内部的攻击。

2）直接连通外部网的数据流。如果内部网中有些资源绕过防火墙直接与外部网相通，则得不到防火墙的保护，因此，必须保证互联网中任何用户都没有直通外部网的通道。

3）病毒防护。一般防火墙不提供防止外部病毒侵犯的功能。病毒可以通过 FTP 或其他工具传至内部网，如果要保护内部网不被病毒侵犯，防火墙中应设置检测病毒的功能。

2. 计算机病毒防范技术

（1）计算机病毒的定义。

计算机病毒指在计算机程序中插入的破坏计算机功能或者破坏数据，影响计算机使用并且能够自我复制的一组计算机指令或者程序代码。

（2）计算机病毒的特点。

1）繁殖性。

计算机病毒可以像生物病毒一样进行繁殖，当正常程序运行的时候，它也运行自身进行复制，是否具有繁殖性、传染性的特征是判断某段程序是否为计算机病毒的首要条件。

2）破坏性。

计算机中毒后，可能会导致正常的程序无法运行，计算机内的文件可能被删除或受到不同程度的损坏，通常表现为：增、删、改、移。

3）传染性。

计算机病毒的传染性是计算机病毒的再生机制，病毒程序一旦进入系统与系统中的程序接在一起，它就会在这一被传染的程序运行之后开始传染其他程序。这样一来，病毒就会很快传染整个计算机系统。

4）潜伏性。

计算机病毒的潜伏性是指其具有依附于其他媒体而寄生的能力。一个编制巧妙的计算机病毒程序，可以在几周或者几个月甚至几年内隐藏在合法文件之中，对其他系统进行传染，而不被人们发现。计算机病毒的潜伏性与传染性相辅相成，潜伏性越好，其在系统中存在的时间就会越长，病毒的传染范围也就会越大。

5）可触发性。

计算机病毒一般都有一个触发条件，或者触发其传染，或者在一定条件下激活计算机病毒的表现部分或破坏部分。触发实质上是一种条件控制，一个病毒程序可以按照设计者的要求，在某个点上激活并对系统发起攻击。

（3）计算机感染病毒后的一般表现。

1）在特定情况下屏幕上出现某些异常字符或特定画面；

2）文件长度异常增减或莫名产生新文件；

3）一些文件打开异常或突然丢失；

4）系统无故进行大量磁盘复制；

5）系统出现异常的重启现象，经常死机，或者蓝屏无法进入系统；

6）可用的内存或硬盘空间变小；

7）打印机等外部设备出现工作异常；

8）无法调用和打印汉字或汉字库无故损坏；

9）磁盘上无故出现扇区损坏；

10）程序或数据神秘消失、文件名不能辨认等。

（4）计算机病毒的消除方法。

计算机病毒的消除方法可分为手工杀毒、软件自动杀毒、系统再生法三种。

（5）计算机病毒的防范。

1）安装杀毒软件；

2）注意对系统文件、重要可执行文件和数据进行写保护；

3）不使用来历不明的程序或数据；

4）尽量不用软盘进行系统引导；

5）不轻易打开来历不明的电子邮件；

6）使用新的计算机系统或软件时，要先杀毒后使用；

7）备份系统和参数，建立系统的应急计划等；

8）专机专用；

9）分类管理数据。

二、电子商务安全交易认证技术

信息的认证性是信息的安全性的一个重要方面。认证的目的有两个：一是验证信息的发送者是否真实；二是验证信息的完整性。

1. 数字签名

数字签名技术是指将摘要信息用发送者的私钥加密，与原文一起传送给接收者，接收者只有用发送者的公钥才能解密被加密的摘要信息，然后用 Hash 算法对收到的原文产生一个摘要信息，将其与解密的摘要信息对比，如果相同，则说明收到的信息是完整的，在传输过程中没有被修改，否则说明信息被修改过，因此数字签名能够验证信息的完整性。数字签名的过程如图 5-2 所示。

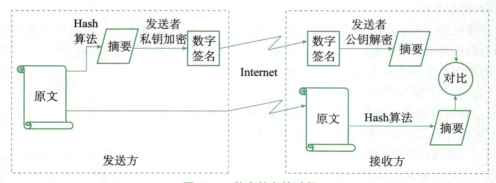

图 5-2　数字签名的过程

2. 数字时间戳

在交易文件中，时间和签名都是十分重要的证明文件有效性的内容。数字时间戳（Digital Time-Stamp，DTS）就是用来证明消息的收发时间的。用户首先将需要加时间戳的文件用 Hash 算法加密形成摘要，然后将摘要发送到专门提供数字时间戳服务的权威机构，该机构给原摘要加上时间后，进行数字签名（用私钥加密），并发送给用户。原用户可以把它再发送给接收者。数字时间戳技术的过程如图 5-3 所示。

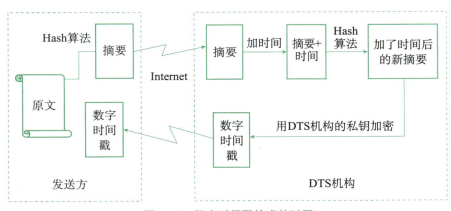

图 5-3　数字时间戳技术的过程

3. 数字证书

（1）数字证书的概念。

数字证书（Digital ID）又称为数字凭证、数字标识，它含有数字证书持有者的有关信息，以标识他们的身份。数字证书包括以下内容：

1）数字证书拥有者的姓名；

2）数字证书拥有者的公钥；

3）公钥的有效期；

4）颁发数字证书的单位；

5）颁发数字证书单位的数字签名；

6）数字证书的序列号。

（2）数字证书的类型。

数字证书有三种类型：个人数字证书、企业（服务器）数字证书、软件（开发者）数字证书。

1）个人数字证书。

个人数字证书仅仅为某个用户提供凭证，一般安装在客户的浏览器上，以帮助个人在网上进行安全交易操作，如客户访问需要验证安全的互联网站点，用自己的数字证书发送有自己签名的电子邮件，用对方的数字证书向对方发送加密的邮件。

2）企业（服务器）数字证书。

企业数字证书为网上的某个 Web 服务器提供凭证，有服务器的企业就可以用具有凭证的 Web 站点进行安全电子交易，如开启服务器 SSL 安全通道，使客户和服务器之间的数字传送以加密的形式进行；要求客户出示个人证书，保证 Web 服务器不被未授权的用户入侵。

3）软件（开发者）数字证书。

软件（开发者）数字证书为软件提供凭证，证明该软件的合法性。

（3）认证中心。

1）认证中心的概念。

电子商务认证授权机构（Certificate Authority，CA），也称为电子商务认证中心，是负责发放和管理数字证书的权威机构，并作为电子商务交易中受信任的第三方，承担公钥体系中公钥的合法性检验的责任。

2）认证中心的树形验证结构。

双方在通信时，通过出示由某个 CA 签发的证书来证明自己的身份，如果对签发证书的 CA 本身不信任，则可验证 CA 的身份，逐级进行，一直到公认的权威 CA 处，就可确认证书的有效性。例如，C 的证书是由名称为 B 的 CA 签发的，而 B 的证书是由名称为 A 的 CA 签发的，A 就是权威的机构，通常称为根 CA（Root CA）。验证到了根 CA 处，就可确信 C 的证书是合法的。安全电子交易协议（SET）中 CA 的层次结构如图 5-4 所示。

图 5-4　安全电子交易协议（SET）中 CA 的层次结构

任务实施

在案例中提到"团购宝"的服务器可能被攻击这一问题，是否涉及电子商务安全问题呢？我们一起回顾案例并分析电子商务安全技术的类型，将分析结果填入下表。

	包含类型
网络安全技术	
电子商务安全交易认证技术	

分析提醒：

1. 如果案例提到的"团购宝"服务器真的被攻击，那么说明可能存在防火墙被攻击，计算机病毒入侵，从而导致出现 1 元商品，并且在交易过程中订单被取消的情况。此类情况涉及电子商务安全问题。

2. 结合知识点的学习，网络安全技术包含防火墙技术和计算机病毒防范技术。电子商务安全交易认证技术涵盖数字签名、数字时间戳和数字证书。

📖》**同步训练** ‖

"熊猫烧香"是一种经过多次变种的"蠕虫病毒"，2007年1月初肆虐网络，它主要通过下载的文档传染，对计算机程序、系统破坏严重。

【问题】

1. 计算机病毒有哪些？
2. 怎么发现和预防计算机病毒？

▶ 任务三 学习电子商务安全交易协议

🎥 **任务导入**

通过上述两项任务的学习，王新已经对电子商务安全的概念有了一定的了解，也明白了有哪些电子商务安全技术。那么电子商务安全交易协议有哪些呢？针对不同参与方，电子商务安全交易协议是否不同？为了解答王新的这一疑惑，老师给王新安排一个新任务，让他对电子商务安全交易协议进行了解。

◎ **知识探究**

一、SSL 协议

SSL 协议是由网景公司推出的一种安全通信协议，能够为信用卡和个人信息提供较强的保护，是为计算机之间的对话加密的协议。SSL 协议通常运用于 Web 浏览器，用以完成安全交易的业务操作。

1. SSL 协议的分层

（1）SSL 记录协议。

SSL 记录协议限定了所有发送和接收数据的打包，它提供了通信、身份认证功能，是一个面向连接的可靠传输协议，为 TCP/IP 协议提供安全保护。

（2）SSL 握手协议。

SSL 握手协议是关于客户和服务器如何协商它们在安全信道中要使用的安全参数的协议，这些参数包括要采用的协议版本、加密算法和密钥等。

SSL 协议的组成及在 TCP/IP 协议中的位置如图 5-5 所示。

2. SSL 协议提供的服务

（1）认证用户和服务器，确保数据发送到正确的客户机和服务器。

（2）加密数据以防止数据传输中途被窃取。

（3）维护数据的完整性，确保数据在传输过程中不被改变。

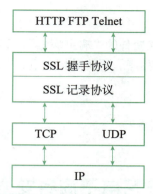

图 5 - 5　SSL 协议的组成及在 TCP/IP 协议中的位置

3. SSL 协议的工作流程

（1）接通。客户通过网络向服务器连接，服务商回应。

（2）密码交换。客户与服务器之间交换双方认可的密码，一般选用 RSA 密码算法。

（3）生成会谈密码。客户与服务器之间产生彼此交谈的会谈密码。

（4）验证。检验服务器取得的密码。

（5）客户认证。验证客户的可信度。

（6）结束。客户与服务器之间相互交换信息。

二、SET 协议

SET 协议即安全电子交易协议，是一种应用在互联网上、以信用卡为基础的电子付款系统规范，目的是保证网络交易的安全。SET 协议妥善地解决了信用卡在电子商务交易中的交易协议、信息保密、资料完整以及身份认证等问题。

1. SET 协议的组成

SET 协议主要由客户、商家、发卡行、收单行、支付网关、认证中心六个部分组成。与此相对应，基于 SET 协议的网上购物系统至少包括电子钱包软件、商家软件、支付网关软件和签发证书软件。

2. SET 协议的工作流程

（1）客户利用自己的 PC 机通过互联网选定所要购买的物品，并在计算机上输入订货单。订货单上需包括在线商店名称、购买物品名称及数量、交货时间及地点等相关信息。

（2）通过电子商务服务器与有关在线商店联系，在线商店做出应答，告诉客户所填订货单的货物单价、应付款数、交货方式等信息是否准确，是否有变化。

（3）客户选择付款方式，确认订单，签发付款指令。此时 SET 协议开始介入。

（4）在 SET 协议中，客户必须对订单和付款指令进行数字签名，同时利用双重签名技术保证商家看不到客户的账号信息。

（5）在线商店接受订单后，向客户所在银行请求支付认可。信息通过支付网关传送到收单银行，再到电子货币发行公司确认。批准交易后，返回确认信息给在线商店。

（6）在线商店发送订单确认信息给客户。客户端软件可记录交易日志，以备将来查询。

（7）在线商店发送货物或提供服务并通知收单银行将钱从客户的账号转移到商店账号，或通知发卡银行请求支付。在认证操作和支付操作中间一般会有一个时间间隔，例如，在每天下班前请求银行结当天的账。

第一步和第二步与 SET 协议无关，在第三步 SET 协议开始发挥作用，一直到第六步。在处理过程中，SET 协议对通信协议、请求信息的格式、数据类型的定义等都有明确的规定。在操作的每一步，客户、在线商店、支付网关都通过认证中心来验证通信主体的身份，以确保通信的对方不是冒名顶替，所以，也可以简单地认为 SET 协议充分发挥了认证中心的作用，以维护在任何开放网络上的电子商务参与者所提供信息的真实性和保密性。

★ 知识链接

SSL 协议和 SET 协议特性比较

项目	SSL 协议	SET 协议
参与方	客户、商家和网上银行	客户、商家、发卡行、收单行、支付网关和认证中心
软件费用	已被大部分 Web 浏览器和服务器所内置，因此可直接投入使用，无须额外的附加软件费用	必须在银行网络、商家服务器、客户机上安装相应的软件，而不是像 SSL 协议那样可直接使用，因此增加了许多附加软件费用
便捷性	SSL 协议在使用过程中无须在客户端安装电子钱包，因此操作简单；每天交易有限额规定，因此不利于购买大宗商品；支付迅速，几秒钟便可完成支付	SET 协议在使用中必须使用电子钱包进行付款，在使用前，必须先下载电子钱包软件，因此操作复杂，耗费时间；每天交易无限额，利于购买大宗商品；由于存在着验证过程，因此支付缓慢，有时还不能完成交易
安全性	只有商家的服务器需要认证，客户端认证则是有选择的；缺少对商家合法性的认证，因此客户的信用卡号等支付信息有可能被商家泄露	安全需求高，因此所有参与交易的成员都必须先申请数字证书来标识身份；保证了商家的合法性，并且客户的信用卡号不会被窃取，使客户在线购物和支付更加放心

任务实施

电子商务安全交易协议有哪些呢？针对不同参与方，电子商务安全交易协议是否不同？我们一起回顾案例并进行分析，将分析结果填入下表。

名称	参与方
SSL 协议	
SET 协议	

分析提醒：

1. 根据所学知识，我们可以得知电子商务安全交易协议包含 SSL 协议和 SET 协议。

2. 结合 SSL 协议和 SET 协议特性比较，我们可以得知 SSL 协议的参与者是客户、商家和网上银行。SET 协议的参与方是客户、商家、发卡行、收单行、支付网关和认证中心。

📖 同步训练

作为高科技犯罪的典型代表之一，银行网络安全事故在国内时有发生。2004 年末，互联网上连续出现的假银行网站事件曾广为传播。一个行标、栏目、新闻、图片样样齐全的假冒中国银行网站，划走了呼和浩特一名市民银行卡里的 2.5 万元。随后，假工行、假农行、假银联网站也相继出现。而早在 2003 年下半年，香港就曾出现不法分子假冒花旗、汇丰、宝源投资及中银国际网站。2004 年 2 月，长沙发生了利用木马病毒盗窃网络银行资金案。

为了保护信用卡和个人信息，许多公司推出了电子商务安全交易协议。

【问题】

1. 电子商务安全交易协议有哪些？

2. 电子商务安全交易协议对保障电子商务安全有什么作用？

⚙️ 德技并修

护航网络安全　书写忠诚担当

小小网线接入万家，在寻常百姓生活中扮演着越来越重要的角色。然而，不少违法犯罪分子却将其视为法外之地。杨文敏同志从警 18 年来，用鼠标点击正义，用键盘写就辉煌。以实际行动和优异成绩展现了公安网络安全保卫战线上巾帼不让须眉的风采。

因工作成绩突出，杨文敏先后荣立三等功 3 次、多次获得嘉奖和被评为优秀共产党员，并于 2021 年荣获全国网安监控工作成绩突出个人及四川省"网安能手"等荣誉称号；2022 年 1 月，获省厅网安总队优秀支撑民警称号。2022 年 4 月，杨文敏被公安部、共青团中央评为全国公安机关成绩突出青年民警，予以通报表扬。如今，网络安全部门经过多年建设，网上斗争能力在不断增强，在保障公共信息网络、国际互联网和重要领域的信息网络安全，打击网上违法犯罪活动等方面发挥着尖兵作用。

作为网络安全保卫这个特殊战场上的一员，杨文敏凭借扎实的工作作风和精湛的业务技能，与网络犯罪领域里的不法分子斗智斗勇，百折不挠，为国家和人民挽回了巨额经济损失，同时协助抓获多名网上逃犯，有力地维护了国家正常的经济社会秩序。网上破案，不说案件侦破的艰辛，仅犯罪嫌疑人行踪的捕捉，证据资料的整理、分析、认证、比对……就是一桩桩绝苦的差事，每一点蛛丝马迹都需要认真细致比对核实。为了让那些隐匿于网络的不法分子落入法网，杨文敏同所有参战民警一起放弃休息时间，夜以继日、通宵达旦地工作，为成功破案提供了有力证据。2019—2021 年，杨文敏协助相关部门侦办案件 300 余起，抓获犯罪嫌疑人 100 余人，特别是在黑客攻击破坏、侵犯公民个人信息等违法犯罪活动的专项行动中，侦破大量涉及群众切身利益的案件。

思政点拨：

党的二十大报告指出，"坚持党中央对国家安全工作的集中统一领导"，"强化国家安全工作协调机制"，"完善重点领域安全保障体系"，强化经济、金融、网络、数据等安全保障体系建设，从而为经济社会持续快速健康发展、人民群众安居乐业保驾护航。

考证园地

一、单选题

1. 下列关于信息完整性的阐述正确的是（　　）。

A. 信息不被随意修改和删除　　　　　　B. 信息内容不被非法读取

C. 信息在传递过程中不被中转　　　　　D. 信息不被他人所接收

2. 使用密钥将密文数据还原成明文数据称为（　　）。

A. 解码　　　　　B. 编译　　　　　C. 加密　　　　　D. 解密

3. 在电子商务活动过程中，使用（　　）技术可以确认信息的完整性。

A. 数字时间戳　　　B. 数字证书　　　C. 数字签名　　　D. 防火墙

4. SET 协议是指（　　）。

A. 安全电子传输协议　　　　　　　　　B. 安全电子交易协议

C. 套接电子传输协议　　　　　　　　　D. 套接电子交易协议

二、名词解释

1. 防火墙

2. 计算机病毒

3. 数字证书

三、案例分析

"我当时一看交割单傻眼了，这银广夏怎么跑到我的账户上了？"一位股民眼含泪水向记者叙述着。银广夏股票复牌后，发生了多起股民股票被盗卖后再被盗买成银广夏的事件。详情如下：

北京，长城证券阜成门营业部，股民付先生账户上的 5 只股票全部被卖出，并当即买进银广夏，整个过程持续了 1 分 58 秒。

广东的黄先生在连续的两天时间里，账户上的股票世纪光华 4 000 股、武汉中百 40 000 股和武汉石油 300 股被人清仓，然后买进银广夏 3 000 股和 500 股。

9 月 11 日，上海的宋先生在得到营业部的通知后，发现自己账面上的股票全部被盗卖，换上了 12 500 股的银广夏，成交价格是 24.94 元。

9 月 12 日，银河证券公司北京安外营业部，股民杜先生原有的爱建股份和华东医药被盗，换上了 17 000 股的银广夏，成交价格是 22.45 元的跌停板价。

9 月 13 日的北京，下午两点多在前后不到 10 分钟的时间里，中创证券营业部的股民徐先生账户上的深物业被卖出，换成了 3 800 股银广夏，成交价格为 20.21 元。

9 月 14 日，是银广夏股票被盗买的高峰，共有 3 位股民受损。当时的跌停板价格是

18.19 元。

　　广东广州，银河证券广州大德路营业部，股民丁先生账户上买单参加是当天的集合竞价。数分钟后，18 万元的现金变成 8 800 股银广夏，余下的几百元也没有被放过，被购入重仓持有银广夏的基金——金景宏。

　　上午 9 点 40 分，广东揭阳，股民石先生手里的 3 只股票被卖，换成了 29 900 股银广夏。下午，离收市不到一个小时的时间，北京国信证券甘家口营业部，一位女士的股票被盗卖，换成了 32 100 股银广夏。

　　面对飞来横祸，股民欲哭无泪。

　　问题：

　　通过盗买银广夏股票事件，我们发现电话委托、网上委托等股票交易方式给广大股民带来方便快捷的同时，交易风险也随之增大，欺骗、窃听、非法入侵等威胁着交易双方利益，那么应该如何避免类似事件再次发生？

项目六

网络营销

▶ 情境导入 ▌▌

通过之前五个项目的学习，王新已基本掌握电子商务的相关知识，然而如何利用所学知识进行网络营销获得效益是他不得不思考的问题。我国网民规模继续保持平稳增长，互联网模式不断创新、线上线下服务融合加速以及公共服务线上化步伐加快，成为网民规模增长的推动力。信息化服务快速普及、网络扶贫大力开展、公共服务水平显著提升，让广大人民群众在共享互联网发展成果上拥有了更多获得感。网络营销作为一种全新的营销模式，必将成为企业增强市场竞争力的重要途径。为了让王新了解如何进行网络营销，老师进行了任务布置。

✓ 学习目标 ▌▌

● 知识目标

1. 了解网上产品、网络销售、网络市场调研的概念及相关知识。

2. 了解网络营销的概念、特点及相关策略。

3. 理解网络广告的概念、特点，了解网络广告的主要形式。

● 技能目标

1. 认识网上产品的分类，知道哪些产品适合网络销售。

2. 认识网络销售，并学会利用网络进行销售。

3. 学会利用网络进行调查及设计网络调查问卷。

4. 认识网络广告，并学会区分网络广告的主要形式。

5. 学会通过网络搜集相关信息。

● 素养目标

1. 通过将专业知识与实际应用相结合，提高解决实际问题的能力，同时提高对专业课程的兴趣。

2. 通过学习熟悉的案例，把知识化繁为简，提高学习的信心，从而逐步提高专业素养。

📋 项目案例 ▐▐

近年某化妆品牌中国市场分析显示，男性消费者初次使用护肤品和个人护理品的年龄已经降到 22 岁，男士护肤品消费群区间已经获得较大扩张。虽然消费年龄层正在扩大，即使是在经济较发达的北京、上海、杭州、深圳等一线城市，男士护理用品销售额也只占整个化妆品市场的 10% 左右，全国的平均占比则远远低于这一水平。作为中国男士护肤品牌，某化妆品牌对该市场的上升空间充满信心，期望进一步扩大在中国年轻男士群体的市场份额，巩固在中国男妆市场的地位。

某化妆品牌推出新品男士极速激活型肤露，即某化妆品牌男士 BB 霜，品牌希望迅速占领中国男士 BB 霜市场，树立该领域的品牌地位，并将其打造成为中国年轻男性心目中人气最高的 BB 霜产品。某化妆品牌男士 BB 霜目标客户定位于 18 岁到 25 岁的人群，他们是一群热爱分享，热衷于社交媒体，并已有一定护肤习惯的男士群体。面对其他男妆品牌主要针对"功能性"诉求的网络传播，该化妆品牌将关注点放在中国年轻男性的情感需求上，了解到年轻男士的心态在于一个"先"字，他们想要领先一步，先同龄人一步，因此，设立了"我是先型者"的创意理念。

为了打造该产品的网络知名度，某化妆品牌针对目标人群，同时开设了名为@型男成长营的微博和微信账号，开展一轮单纯依靠社交网络和在线电子零售平台的网络营销活动。

1. 在新浪微博上引发针对男士使用 BB 霜的接受度的讨论，发现男士以及女士对于男士使用 BB 霜的接受度都大大高于人们的想象，为传播活动率先奠定了舆论基础。

2. 加入代言人，发表属于他的先型者宣言："我负责有型俊朗，黑管 BB 霜负责击退油光、毛孔、痘印，我是先型者"，号召广大网民，通过微博申请试用活动，发表属于自己的先型者宣言。微博营销产生了巨大的参与效应，更将微博参与者转化为品牌的主动传播者。

3. 在京东商城建立了某化妆品牌男士 BB 霜首发专页，开展"占尽先机，万人先型"的首发抢购活动，设立了某化妆品牌男士微博部长，为 BB 霜使用者提供一对一的专属定制服务。

另外，特别开通的微信专属平台，每天即时将从新品上市到使用教程、前后对比等信息通过微信推送给关注该化妆品牌微信公众号的每一位用户。

该活动通过网络营销引发了在线热潮，两个月内，在没有任何传统电视广告投放的情况下，该活动覆盖人群达到 3 500 万用户，共 307 107 位用户参与互动，仅来自新浪微博的统计，微博阅读量即达到 560 万。在整个微博试用活动中，一周内即有超过 69 136 位男性用户申请了试用，在线的预估销售库存在一周内即被销售一空。

▶ 任务一　认识网上产品

📹 任务导入

老师给王新布置任务，分析项目案例中某化妆品牌选择了何种个人护肤产品进行网络营销、选择此类产品的目的是什么。

◎ 知识探究

一、网上产品的概念

网上产品目前没有统一的定义，一般来说，凡是在互联网上销售的产品都属于网上产品的范畴。而在网络营销中，产品一般分为五个层次：核心利益层次、有形产品层次、期望产品层次、延伸产品层次和潜在产品层次。网上产品的五个层次的含义具体见表6-1。

表6-1　网上产品的五个层次的含义

核心利益层次	是指产品能够提供给消费者的基本效用或益处，是消费者真正想要购买的基本效用或益处。如消费者购买手机是为了通信，购买书籍是为了学习等
有形产品层次	是指产品在市场上出现时的具体物质形态。对于物质产品来说，首先，必须保障产品的品质；其次，必须注重产品的品牌；再次，注意产品的包装；最后，在式样和特征方面要根据不同地区的文化来进行针对性加工
期望产品层次	是指消费者在购买产品前对所购产品的质量、使用方便程度、特点等方面的期望值。在网络营销中，消费者处于主导地位，消费呈现出个性化的特征，不同的消费者可能对产品的要求不一样，因此产品的设计和开发必须满足消费者个性化的需求
延伸产品层次	是指由产品的生产者或经营者提供的满足消费者需求，帮助其更好地使用核心利益的服务。在网络营销中，对于物质产品来说，延伸产品层次要注意提供使消费者满意的售后服务、送货服务、质量保证等
潜在产品层次	主要是指产品的一种增值服务，它与延伸产品层次的主要区别是即使没有潜在产品层次，消费者仍然可以很好地使用产品的核心利益和服务。在高新技术发展日益迅猛的时代，有许多潜在需求和利益还没有被消费者认识到，这需要企业通过引导更好地满足消费者的潜在需求

二、网上产品的特点

目前适合在互联网上销售的产品通常具有以下特性：中低价位、均质性、稀有性、独特性、畅通性和市场针对性。

1. 中低价位

互联网作为信息传递工具，在发展初期采用的是共享和免费策略，网上用户比较认同产品的低廉特性；而且通过互联网进行销售的成本低于其他销售渠道，所以目前网上产品的销售一般采用中低定价。

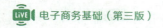

2. 均质性

均质性是指那些以商品的品质和品牌为核心的产品，消费者做出购买决策时无须对产品进行尝试或使用。如书籍、鲜花、音像制品、计算机外围设备及计算机软件等即为均质产品，而如衣服、鞋子等需要试穿的商品则为非均质产品。消费者对均质产品的关注更多集中在品质上。对均质产品来说，网络营销效果好，也易于显现；而需要试穿、试用、试尝的非均质产品，网络营销的难度则比较大。

3. 稀有性

一些特殊用品因为其需求用户零散，或者商品本身比较珍稀，建立物理店面的成本非常高，且只在极少数经营点销售。网络营销直接面向全国市场，没有时间、空间的限制，在特殊用品的营销上能够发挥优势。例如，限量版球衣球鞋、签名光碟等的出售。

4. 独特性

虽然非均质产品的网络营销难度相对较大，但是由于消费者偏爱独特性，也喜欢购买身边没有的商品，更追求原产地产品，再加上网络营销能减少中间环节，因此非常适合地方土特产的销售。

5. 畅通性

互联网可以使厂家和消费者实时达成交易，然而消费者对购物体验是否满意，很大程度上取决于最后一公里的服务。一般来说，便于运输的商品都比较适合网络销售。随着电子商务的深入发展，一些大宗商品也在网上热销，如冰箱、洗衣机等，再如比较时兴的O2O模式，线上下单，线下配送，如果实体店就在本地，那么大宗商品的运输更不是问题。

6. 市场针对性

网络市场是以网络用户为主要目标的市场，登录互联网需要计算机基本知识和必要的计算机设备，所以网络营销所指向的消费者是一个特定的消费群体，网上产品具有市场针对性。

综上所述，商家在进行网上产品的定位时，适宜选择中低价位的有市场针对性的均质产品，同时关注稀有、独特的产品，并竭力确保产品的畅通性。

三、网上产品的分类

网上产品按照商品形态的不同可以分成三大类：实体商品、软体商品和在线服务。

1. 实体商品

实体商品，也称有形商品，其营销方式主要是消费者在线下单，然后商家将商品交由物流配送公司和专业服务机构去完成配送。如在线销售计算机软硬件、家用电器、书籍等商品。

2. 软体商品

软体商品，也称无形商品，其销售和传输全部通过计算机网络，无须物流配送环节。

如软件、游戏币、电子书、电子报刊等。

3. 在线服务

可以通过互联网提供的服务种类很多，大致可以分为三类：第一类是情报服务，如法律查询、股市行情分析、金融咨询、医疗咨询等；第二类是互动式服务，如计算机游戏、远程医疗、远程教育等；第三类是网络预约服务，如机票、车票、球票、电影票等的预订服务，旅游预约服务，医院预约挂号服务等。对于信息咨询服务来说，网络是一种最好的媒体选择，可以让用户足不出户就在有限的时间里获取更广泛的信息服务。

任务实施

在项目案例中，某化妆品牌选择了何种个人护肤产品进行网络营销？选择此类产品的目的是什么？我们一起回顾项目案例并进行分析，将分析结果填入下表。

品牌	网络营销产品	选择目的
某化妆品牌		

分析提醒：

1. 网上产品按照商品形态的不同可以分成三大类：实体商品、软体商品和在线服务。某化妆品牌推出的产品为实体产品，即某化妆品牌男士极速激活型肤露，也可称为某化妆品牌男士 BB 霜。

2. 目前适合在互联网上销售的产品通常具有以下特性：中低价位、均质性、稀有性、独特性、畅通性和市场针对性。某化妆品牌希望迅速占领中国男士 BB 霜市场，树立该领域的品牌地位，并将其打造成为中国年轻男性心目中人气最高的 BB 霜产品，进一步扩大在中国年轻男士群体的市场份额，巩固在中国男妆市场的地位。选择的此款网络产品具有独特性及市场针对性等特点。

同步训练

淘宝网致力于推动"货真价实、物美价廉、按需定制"网货的普及，帮助更多的消费者享用海量且丰富的网货，获得更高的生活品质。淘宝网提倡诚信、活跃、快速的网络交易文化，坚持"宝可不淘，信不能弃"。在为淘宝网会员打造更安全高效的网络交易平台的同时，淘宝网也全力营造和倡导互帮互助、轻松活泼的家庭式氛围。

【问题】

（1）以淘宝网为例，分析网上销售的商品都有哪些种类、有什么特点。

（2）如果你要创业，会选择什么样的产品进行销售呢？

▶ 任务二　学习网络销售

📹 任务导入

通过上一个任务，王新已经明白该如何进行网上产品的选择，懂得选择中低价位、均质性、稀有性、独特性、畅通性和市场针对性的产品进行网上销售，那么结合案例，某化妆品牌是如何进行网络营销的呢？

⚙ 知识探究

一、网络销售的概念

网络销售是指生产商、零售企业或个人通过互联网进行商品或服务销售，直接实现营销目标的一系列市场行为。

我国的网络销售交易额一直保持快速增长的趋势，随着网民购物习惯的日益养成、网络购物相关规范的逐步建立及网络购物环境的日渐改善，我国网络销售市场开始逐渐进入成熟期。同时，随着传统企业大规模进入电商行业，我国西部省份及中东部三、四线城市的网络购物潜力也得到进一步开发，加上移动互联网的发展使移动网络购物日益便捷，我国网络销售市场整体还将保持相对较快增长。

🚩 素养提升

规范促发展、诚信赢未来
——专家学者共话电子商务诚信建设新前景

2021年7月15日，在湖南长沙梅溪湖畔举行的2021年中国网络诚信大会"电子商务诚信建设论坛"上，来自多领域的专家和业内人士就电子商务诚信建设分享新思路、探讨新观点和畅想新路径。

根据国家统计局的数据，2020年全国网上零售额达11.76万亿元，同比增长10.9%，实物商品网上零售额达9.76万亿元，同比增长14.8%，占社会消费品零售总额的比重接近四分之一。电子商务日益成为居民生活的重要部分和经济社会发展的驱动力之一，可是近年来电子商务领域出现的违法失信现象已成为行业亟待解决的问题。

中国消费者协会党委书记建议，从通过立法赋权、建立投诉公示制度、加强社会监督、强化经营者自律四个方面着手，把各项消费者保护工作挺在前面，把消费纠纷预防在源头、化解在苗头、解决在一线。

阿里巴巴集团副总裁认为，诚信是互联网行为的通行证，是互联网文化的压舱石，也是互联网企业的座右铭。以电子商务的发展为例，我国网上零售额已超过 10 万亿元，依靠的不是某个平台或者应用，而是整个互联网的诚信生态。

京东集团副总裁表示，诚信作为京东集团的核心价值观之一，是京东集团的"基因"。京东将从供应链与商品准入、内控合规管理、信息安全管理等方面加强电子商务诚信建设，争当尊崇道德、遵守法律、恪守承诺的典范。

苏宁控股品牌副总裁介绍，苏宁不仅对所有加盟商严格实行"直营化管理"和"红黄惩戒管理制度"措施，还与所有供应商和平台商户签订《阳光承诺书》，与员工订立"阳光公约"等，使诚实守信、公平竞争成为苏宁不变的坚守、人人的追求。

"数据是以电子商务为代表的数字经济发展的基础，也是网络诚信体系构建不可或缺的关键要素。"伏羲智库创始人说，在此过程中，应当重视两方面工作：一是打造可信网络体系，这是网络诚信体系建设的核心；二是加强数据治理能力建设，这是推进网络诚信体系建设的重要手段。

二、网络销售的特点

网络销售较之传统销售，主要有如下突出特点。

1. 市场面更广

如今，互联网几乎遍及全球，企业利用网络进行销售，可以把商品和服务推销到全国乃至全球各地。

2. 全天候营业

网络销售可以摆脱传统商业的营业时间、地区地域的限制，企业可以做到全天候营业，获得更多商业机会，而且客户采购也更加便利。

3. 显著降低成本

相对于传统销售的经常性支出，如昂贵的店面租金、装潢费用、水电费、人事费用等，网络销售的费用要低廉许多。网络销售还大大减少了过去传统分销中的流通环节，减少了传统分销渠道中各级代理商的渠道成本，甚至跳过了代理商，直接销售给消费者，使总成本及产品价格降低，消费者因此节约了支出成本。

4. 交易更高效便利

消费者利用网络可以足不出户进行交易，节省了时间和精力，提高了购物效率。

企业通过网络可以即时了解消费者对产品的意见和建议，并及时提供技术支持和服务，迅速解决消费者在使用中遇到的问题，提高服务质量和效率。

三、网络销售的分类

1. 按照开展网络销售的主体不同分类

（1）网络直销。

网络直销是指生产商充分利用互联网的优势来实现企业与消费者之间的信息沟通、

订单处理、产品定制、产品传递等功能的网络销售模式，如戴尔的网络直销，青岛海尔的网上商城等。这种模式是由生产商直接通过网络把商品销售给消费者，不存在各种级别的分销商。

（2）网上商店。

网上商店模式就是零售商采取基于互联网的零售业态，实现商品销售的网络应用模式，如京东商城、当当网、苏宁易购等。

（3）网上开店。

网上开店是指个人入驻 C2C、B2C 等各种网络交易平台，开设品牌或商品专卖店，利用平台积累人气，开展网络零售业务。适合网上开店的网络交易平台有淘宝网、拍拍网、eBay 等。

2. 按照企业开展网络销售的途径不同分类

（1）自建网站销售模式。

企业可以建立形式多样、信息丰富的网站，直接面向消费者，可以在发布产品信息的同时宣传企业文化。

（2）依托平台销售模式。

网络交易平台是连接买卖双方的枢纽，起着促进交易、维护公平的作用，如淘宝网、拍拍网等。由于平台本身就有流量，比较适合中小型企业和个人创业。

（3）混合销售模式。

生产企业既建有网站，又在网络交易平台发布信息。

任务实施

结合案例，某化妆品牌是如何进行网络营销的呢？我们一起回顾项目案例并进行分析，将分析结果填入下表。

品牌	网络营销方式
某化妆品牌	

分析提醒：

某化妆品牌针对目标人群，同时开设了名为@型男成长营的微博和微信账号，开展一轮单纯依靠社交网络和在线电子零售平台的网络营销活动。通过在京东商城建立某化妆品牌男士 BB 霜首发专页，开展"占尽先机，万人先型"的首发抢购活动，设立某化妆品牌男士微博部长，为 BB 霜使用者提供一对一的专属定制服务。另外，特别开通的微信专属平台，每天即时将从新品上市到使用教程、前后对比等信息通过微信推送给关注该化妆品牌微信公众号的每一位用户。若按照开展网络销售的主体不同分类为网上开店，若按照企业开展网络销售的途径不同分类为混合销售模式。

随着电子商务的发展，各传统企业纷纷入驻国内最大的 B2C 平台——天猫商城，其中不乏各行业的领军企业，既有李宁、联想、优衣库、索尼、松下、迪士尼等国际知名品牌，也有麦包包、佐卡伊、歌瑞尔等一批现在已经声名鹊起的淘品牌。

【问题】

为什么传统企业纷纷利用互联网开展销售？网络销售有什么魅力？

▶ 任务三 掌握网络营销策略

📹 任务导入

通过上一个任务，王新已经明白该如何进行网络营销，那么案例中某化妆品牌实施了什么样的网络营销策略呢？

◎ 知识探究

一、网络营销的概念

随着互联网的应用和普及，其商业潜力逐渐被挖掘出来，显现出巨大的威力和广阔的发展前景。互联网的引入，使得市场营销进入网络时代，互联网赋予了市场营销新的内涵与活力。网络营销就是以互联网为基础，利用数字化信息和网络媒体的交互性辅助营销目标实现的一种新型的市场营销方式。网络营销是电子商务的重要组成部分。

网络营销在英文中有许多翻译，如 Cyber Marketing、Online Marketing、Internet Marketing、Network Marketing、E-Marketing 等。尽管这些都可以翻译为"网络营销"，但含义略有不同。

（1）Cyber Marketing：虚拟的计算机空间营销，指借助联机网络、计算机通信和数字交互式媒体的营销方式。

（2）Online Marketing：在线营销，主要指在网上销售产品和服务。

（3）Internet Marketing：互联网营销，它强调的是以互联网为工具的营销。

（4）Network Marketing：网络营销，这里的网络不仅仅是指互联网，还可以是一些其他类型的网络，比如增值网 VAN 等。

（5）E-Marketing：网络营销，通过互联网进行营销，是目前习惯采用的翻译方法。"E"即 electronic，表示电子化、信息化、网络化，既简洁又直观明了，而且与电子商务（E-Business）、电子虚拟市场（E-Market）等翻译相对应。

二、网络营销的特点

与传统的市场营销相比，网络营销呈现以下特点：

（1）无时间、地域限制。24小时随时随地提供全球的营销服务。

（2）信息多媒体化。互联网可以传输多种形式的信息，如文字、声音、图像等信息。

（3）个性化。网络营销是一对一的、理性的、消费者主导的一种低成本与人性化的促销，可以避免推销员强势推销的干扰。

（4）交互式。互联网可以展示商品目录，可以收集市场情报，商家可以在网上与消费者进行双向互动沟通。

（5）开发潜力强。互联网使用者多半是年轻人，具有较高的受教育水平，购买力强，而且具有很强的市场影响力，因此极具开发潜力。

（6）全程销售渠道。从发布商品信息、交易、收款至售后服务均可通过网络实现，因此也是一种全程的营销。

（7）超前性。互联网是一种功能强大的营销工具，它兼具渠道、促销、电子交易、双向互动服务以及市场信息分析与提供等多种功能。

（8）低成本运作。一方面，通过互联网络进行信息交换，代替以前的实物交换，可以减少印刷与物流成本；另一方面，无实体店面销售，可以免交租金，节约水电与人工成本。

（9）强大的技术支持。网络营销是建立在以高技术作为支撑的互联网的基础上的，企业必须提升信息管理功能，引进懂营销与电脑技术的复合型人才，才能具备市场竞争优势。

知识链接

市场营销

市场营销就是在变化的市场环境中满足消费者需求、实现企业目标的商务活动过程，包括市场调研、选择目标市场、产品开发、产品定价、渠道选择、产品促销、产品储存和运输、产品销售、提供服务等一系列与市场有关的企业业务经营活动。市场营销的全过程本质就是商品交换的过程。

三、网络营销策略

以网络为基础的营销活动，首先使地域和范围的概念消失了，其次将宣传和销售的渠道统一到网上，最后削减了商业成本，使产品的价格大幅降低，而且营销策略的范围在无限扩张。因此，网络营销策略已经由传统的4Ps营销策略逐步转向4Ps与4Cs相结合的整合营销组合。4Cs包括以下四个策略。

1. 顾客导向策略（Customer）

基于网络时代的目标市场、顾客形态、产品种类与以前相比会有很大的差异，企业的市场营销策略逐渐由企业主导的产品与服务策略转向顾客导向策略。

（1）了解顾客。

从网络顾客的年龄、职业、受教育程度、消费能力、上网目的、上网习惯等方面入手可分析和确定网络顾客的一般构成。当今的网络顾客年轻时尚，收入较高，比较注重自我而富有个性，喜欢新鲜而又理性，珍惜时间而缺乏耐性，追求购物的方便与乐趣。

（2）向网络顾客提供服务。

企业通过采用 FAQ（常见问题）页面、表格式页面和建立网络虚拟社区等网络技术和手段，为网络顾客提供产品和服务介绍、会员注册、优惠、在线调查、在线投诉、在线技术与培育、在线交易、网络安全等多元化的服务，以实现争取顾客、留住顾客、扩大顾客群、建立亲密顾客关系、分析顾客需求、创造顾客需求等营销目标。在此基础上，企业可建立完善的顾客信息资源系统，并通过及时更新和维护，实时掌握顾客的需求信息和建议，据此组织研发产品，整合产供销，生产出令顾客满意的产品，并提供全程无缝的"一对一"周到服务。

2. 成本策略（Cost）

从顾客的角度看，价格本质上是一种成本。从价格策略向成本策略的转换，说明企业确实开始站在顾客的立场上，考虑的不是如何运用价格策略获取高额利润，而是如何节约顾客的成本，使顾客以最小的代价获得最大的利益。满足顾客需求的成本的大小是网络营销成败的关键。

（1）卖方成本。

网络交易的卖方成本主要包括生产成本、网络化建设成本、网站推广成本、网络营销成本、顾客服务成本及配送成本。

（2）买方成本。

网络交易的买方成本包括浏览成本、顾客付出的时间精力、顾客承担的各种风险（如商品与描述不相符、商家不履行售后承诺）等。

3. 便利策略（Convenience）

便利策略是指企业在制定营销策略时，要更多地考虑顾客是否方便，要通过好的售前、售中和售后服务来让顾客在购物的同时享受到便利。

4. 沟通策略（Communication）

沟通策略是指企业应通过与顾客进行积极有效的双向沟通，建立基于共同利益的新型企业顾客关系。这不再是企业单向的促销和劝导顾客，而是在双向的沟通中找到能同时实现各自目标的途径。

📣 **知识链接** ▌▌

4Ps 营销策略

1. 产品策略（Product）

产品策略是指与产品有关的计划和决策。其核心问题就是如何满足顾客的需要，即在产品种类、质量标准、产品特性、产品品牌、包装设计以及维修、安装、退货、指导使用、产品担保等方面进行整体设计。

2. 价格策略（Price）

制定价格策略必须考虑产品在目标市场上的竞争性质、法律政策限制、顾客对价格可能的反应、折扣、支付方式等，换言之，定价要科学合理，要与顾客的心理预期相结合。顾客对价格的认同程度是市场营销效果的衡量指标。

3. 渠道策略（Place）

渠道策略是指选择产品从生产者到消费者的途径。大量的市场营销功能是在市场营销渠道中完成的。渠道的计划和决策，是指通过渠道的选择、调整、新建以及对中间商的协调和安排，控制相互关联的市场营销机构，以利于更顺畅地完成交易。

4. 促销策略（Promotion）

促销策略是指各种促进销售的形式和手段的结合。促销的本质是在企业和顾客之间沟通信息和想法，所以，促销策略又称沟通策略，包括各种促销形式和公共关系。

任务实施

案例中某化妆品牌实施了什么样的网络营销策略呢？我们一起回顾项目案例并进行分析，将分析结果填入下表。

品牌	网络营销策略
某化妆品牌	

分析提醒：

1. 案例中显示某化妆品牌男士 BB 霜目标客户定位于 18 岁到 25 岁的人群，并对顾客进行一对一定制服务，可以看出其充分了解消费者，实施的是顾客导向策略。

2. 某化妆品牌通过微博、微信等进行渠道营销，实施的是渠道策略。

同步训练

某年百雀羚以 7 000 万元成为《中国好声音》第二标王，与 2 亿元冠名该栏目的加多宝凉茶，共同上演了本土品牌力压国际品牌的惊人一幕。在随后的"双十一"，百雀羚同样表现惊人，百雀羚天猫旗舰店当天销售额高达 1 500 多万元。这一数据昭示着，中华老字号化妆品百雀羚已经浴火重生。

百雀羚，这个诞生于 1931 年，经历了近 90 年风霜雪雨洗礼的中华老字号化妆品品牌，在 20 世纪曾经散发出耀眼的光芒，热销东南亚，成为名媛贵族首选的护肤品。然而，在日新月异、大浪淘沙的行业竞争浪潮中，本土护肤品牌长期被跨国品牌打得溃不成军，百雀羚也一度被淹没。

百雀羚彻底撕碎了老字号的"功劳簿"，积极对自身进行变革，针对品牌、产品、渠道、传播进行了系统化的改造，开启了复兴之路。

百雀羚入驻天猫，创办了自己的第一家旗舰店，之后，进行了一系列网络营销。通过举办"涌泉相报"公益活动，进行大型的付邮试用活动筹集公益资金，整合了淘宝论坛、帮派、掌柜说、新浪及腾讯微博等宣传渠道，并陆续得到了 CCTV、《新京报》、《中国化妆品报》等全国数十家线上线下知名媒体的上百篇报道，百雀羚的知名度得到提升。

【问题】

百雀羚利用什么方式来实现复兴?

▶ 任务四　学习网络市场调研

📷 任务导入

通过以上任务，王新已经明白该如何进行网络营销策略的制定，那么结合案例，思考：某化妆品牌是否进行了网络市场调研?

◎ 知识探究

一、网络市场调研概述

网络市场调研是指通过互联网针对特定营销环境进行简单调查设计、搜集资料和初步分析，为企业的经营决策提供数据支持和分析依据的活动。利用互联网进行市场调研有两种方法：网上直接调查和网上间接调查。

1. 网上直接调查

网上直接调查一般只适合于针对特定问题进行专项调查，其中网上问卷调查法是最常用的方法。网上问卷调查法按照调查者组织调查样本的方法，可以分为主动调查法和被动调查法。

（1）主动调查法。

主动调查法是指调查者主动组织调查样品，完成统计调查的方法。如调查者通过电子邮件将问卷发送给被调查者，被调查者完成后将结果通过电子邮件返回。

（2）被动调查法。

被动调查法是指调查者被动地等待调查样本造访，完成统计调查的方法。如将问卷放置在网站上，等待访问者访问时填写。中国互联网络信息中心每半年一次的"中国互联网络发展状况调查"就是采用这种方式。

2. 网上间接调查

网上间接调查主要利用互联网收集与企业营销相关的市场、竞争者、消费者以及宏观环境等信息。企业用得最多的还是网上间接调查方法，因为它的信息能广泛满足企业

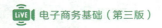

管理决策的需要，而网上直接调查一般只适合于对特定问题进行专项调查。

二、网络市场调研的实施

与传统调查类似，网络市场调研必须遵循一定的步骤，如图6-1所示。

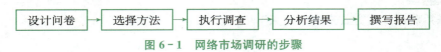

图6-1　网络市场调研的步骤

下面以网上问卷调查法为例，详细说明设计调查问卷的方法和应注意的问题。

1. 设计网上调查问卷

调查问卷一般包括卷首说明、调研内容、结束语3个部分。

（1）卷首说明。

卷首说明包括称呼、调研目的、填写者收益情况、主办单位和感谢语等，如图6-2所示。如涉及个人资料，应该有隐私保护说明。

"开心驿站"用户调查问卷

尊敬的开心驿站用户：

　　为了使开心驿站可以更好地为您服务，为了能使我们更准确地理解您的意见和建议，开心驿站非常需要您的意见与建议，真诚地希望您能给我们准确、认真、如实、完整的信息反馈，非常感谢您填写开心驿站的问卷！

　　我们将在所有参与者中随机抽取20名幸运儿，送出开心驿站精美礼品一份。

图6-2　调查问卷卷首说明

（2）调研内容。

调研内容是调查问卷的主体，可以直接根据传统的市场调查问卷形式制作。问卷可由多个问题组成，可包括填空题、单项选择题、多项选择题，并可指定必答项和非必答项，如图6-3所示。

（3）结束语。

结束语一般再次向填写者表示感谢或致意。此外，注明公司的标志性信息，如公司名称、网站、联系方式，这是宣传公司的好机会。

2. 设计网上问卷应注意的问题

采用网上问卷调查法时，问卷设计的质量直接影响调查效果。问卷设计不合理，网民可能拒绝参与调查，更谈不上调查效果了。因此，在设计问卷时应该注意以下几点：

（1）问题设计应力求简明扼要。可有可无的问题或者没有太多实际价值的资料无须出现在问卷中，一般所提问题不应超过20项。

（2）所提问题不应有偏见或误导性，避免使用晦涩、纯商业以及幽默的等容易引起人们误解或有歧义的语言。同时，不要把两种及以上的问题放在一个问题中，例如，"你认为这个网站是否易于浏览且有吸引力"这样的问题将使回答者在不完全确定时无法选择。

5. 您觉得开心驿站浏览速度如何？ *

○非常快

○还行

○慢，可以接受

○慢，实在无法接受

○其他 请注明...

6. 您对开心驿站的哪些方面比较满意？ * [多选题]

☐网站整体设计　　　☐笑话质量　　　☐栏目设计　　　☐功能应用

☐网站结构

7. 您比较喜欢哪种形式的笑话？ * [多选题]

☐搞笑图片　　　☐文字笑话　　　☐搞笑视频　　　☐搞笑GIF动图

☐其他 请注明...

图 6 - 3 调查问卷调研内容

（3）不要诱导人们回答。不要采用让人们按照提问者一开始就定下的思路（方向）回答的方法。比如，当听到"这种奶茶很顺滑吧"的问题时，回答者往往会带着"顺滑"的先入观念去品尝，并回答说"是"。此时，不如问"这种奶茶是顺滑还是清甜"。

（4）问题应是记忆范围内的。比如，"你一年前买的酱油是哪个牌子"的问题，恐怕大多数人都无法准确回答。

（5）必须明确提问的意思和范围。比如，"最近你从这家电器商店购买了什么家电产品"的问题，首先使回答者感到不明确的是"最近"是指什么时间段。此时，应明确时间段，如"三个月之内"。

（6）避免引起人们反感的问题。只有回答者能够予以冷静的判断和回答的问题，才能使调查者得到有效的调查结果。

▣ 任务实施

某化妆品牌是否进行了网络市场调研呢？我们一起回顾项目案例并进行分析，将分析结果填入下表。

品牌	是否进行网络市场调研？
某化妆品牌	

分析提醒：

根据案例，近年某化妆品牌中国市场分析显示，男性消费者初次使用护肤品和个人护理品的年龄已经降到 22 岁，男士护肤品消费群区间已经获得较大扩张。虽然消费年龄层正在扩大，但即使是在经济较发达的北京、上海、杭州、深圳等一线城市，男士护理用品销售额也只占整个化妆品市场的 10％ 左右，全国的平均占比则远远低于这一水平。因此说明某化妆品牌是做过网络市场调研的。

📖》同步训练 ▌▌

百胜餐饮集团旗下的品牌肯德基（KFC），一直致力于通过网络订餐扩大其在快餐行业的市场份额。在拓展网络订餐业务的过程中，肯德基遇到了用户流失率高、市场推广资源浪费等问题。肯德基宅急送首先对自身的流量统计进行分析，发现用户的流失主要集中在"填写送餐地址"和"浏览菜单点餐"这两个环节上。

肯德基宅急送对这两个问题突出的环节展开了在线用户调查，了解用户对订餐流程的具体评价，并最终找到了问题的具体原因。调查结果显示，用户填写地址时，发现自己所处地址不在送餐范围内是导致用户流失的最主要原因，其次是地址查询/输入不方便以及送餐时间太长。在用户浏览菜单点餐环节中，因为检索方式不便，用户不容易找到自己想要的餐点是导致用户流失的最主要问题。

针对从调查中发现的问题，肯德基宅急送制定了相应的改善措施。经过这次改善和优化，肯德基宅急送在"填写送餐地址"和"浏览菜单点餐"环节的用户满意度得到了显著提升，用户流失率也得到了有效控制。

【问题】

什么是在线调查？

▶ 任务五　认识网络广告

🎬 任务导入

通过以上任务，王新已经明白了什么是网络市场调研，接下来再次分析某化妆品牌是否投送了网络广告。

◎ 知识探究

一、网络广告的概念与特点

1. 网络广告的概念

网络广告是确定的广告主以付费方式运用网络媒体说服公众的一种信息传播活动。网络广告媒体已成为继传统四大媒体（电视、广播、报纸、杂志）之后的第五大媒体。

2. 网络广告的特点

相对于传统广告而言，网络广告具有如下特点：

（1）传播范围广。网络广告没有空间的限制，可以跨地域、跨国别地传播，而且传播速度快。

（2）不受时间限制。网络广告不受时间限制，可以随时提供。

（3）互动性强。这是网络广告最大的特点。网络广告交互式的界面，使访问者对广告的阅读可以逐层细化。

（4）制作简单，成本低廉。网络广告的制作工序相对简单，成本低廉。

（5）对象明确。网络广告针对性强，往往有目的地将信息送到细分的目标市场，受众对象明确。

（6）易于调整。当出现新情况，需要对网络广告进行调整时，往往只需要对网站上的信息做出某些修改，这种调整是非常方便快捷的。

二、网络广告的主要形式

网络广告具有多种形式，其中常见的有如下几种。

1. 旗帜广告（Banner）

旗帜广告也称横幅广告、通栏广告，它是横放于页面上的大幅图片广告，一般使用JPG或GIF格式、像素规格约为 468×60 的图像文件，通常置于网页顶部，也可以是中部和底部。

2. 按钮广告（Button）

这是从旗帜广告演变而来的一种广告形式，规格一般为 120×60 像素或 8×31 像素，格式为JPG、Flash或GIF，通常被放置在页面左右边缘，或灵活地穿插在各个栏目板块中间。按钮广告互动性强，干扰性小，较受浏览者欢迎。

3. 标识广告（Logo）

标识广告一般以企业标识、广告语等的静态或动态图像表示。其设计侧重于体现企业的形象，通常置于页面顶部，最先映入访客眼帘。创意绝妙的标识广告对于建立并提升品牌形象有不可低估的作用。

4. 文字广告（Textlink）

文字广告以纯文字形式体现广告内容，可点击链接转到广告主指定的地址。文字广告是一种比较温文尔雅的表现方式，容易引起访客的兴趣而又不会招致反感情绪。

5. 对联广告

对联广告在页面左右两侧，可以随浏览者滚动页面而滚动，追踪效果好，能有效地吸引用户眼球。

以上五类广告示例如图 6-4 所示。

6. 插播式广告（Interstitial）

插播式广告是指访客在请求登录网页时强制插入的广告页面或弹出的广告窗口，它

对联广告　　标识广告　　对联广告

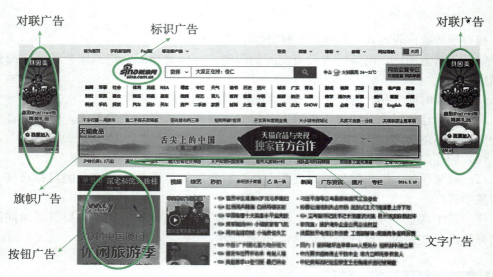

旗帜广告

按钮广告

文字广告

图 6-4　不同形式网络广告示例

们有点类似于电视广告，都是打断正常节目的播放，强迫访客观看。插播式广告有各种尺寸，有全屏的也有小窗口的，而且互动程度也不同，从静态的到部分动态的、全部动态的。浏览者可以通过关闭窗口来关闭广告（电视广告是无法做到的），但是它们的出现没有任何征兆，而且肯定会被浏览者看到。插播式广告示例如图 6-5 所示。

图 6-5　插播式广告示例

7. 画中画广告

画中画广告一般出现在产品新闻或者热点内容的页面，与新闻或信息紧密结合，使访客在浏览自己感兴趣的内容的过程中接收广告的信息。

8. 其他形式的网络广告

除上面介绍的形式外，网络广告其实还有许多其他的形式，如电子邮件广告、富媒体广告、赞助式广告等。

📂★ 知识链接 ▐▐

富媒体

　　富媒体（Rich Media）并不是一种具体的互联网媒体形式，而是指具有动画、声音、视频和/或交互性的信息传播方法，包含下列常见的形式之一或者几种的组合：流媒体、声音、Flash 以及 Java、Javascript、DHTML 等程序设计语言。富媒体可应用于各种网络服务中，如网站设计、电子邮件、弹出式广告、插播式广告等。

　　在互联网发展初期，因为带宽的原因，网站的内容以文本和少量的低质量的 GIF、JPG 图片为主。随着技术的进步以及消费市场的成熟，出现了具备声音、图像、文字等的多媒体组合的媒介形式，人们普遍把这些媒介形式的组合叫作富媒体，以此技术设计的广告就叫作富媒体广告。

🎬 任务实施

　　某化妆品牌是否投送了网络广告呢？我们一起回顾项目案例并进行分析，将分析结果填入下表。

品牌	是否投送网络广告？
某化妆品牌	

分析提醒：

　　在京东商城建立了某化妆品牌男士 BB 霜首发专页，开展"占尽先机，万人先型"的首发抢购活动。在没有任何传统电视广告投放的情况下，该活动覆盖人群达到 3 500 万用户，共 307 107 位用户参与互动，仅来自新浪微博的统计，微博阅读量即达到 560 万。在整个微博试用活动中，一周内即有超过 69 136 位男性用户申请了试用，在线的预估销售库存在一周内即被销售一空。这说明某化妆品牌投送了网络广告。

💻» 同步训练 ▐▐

　　《2023 中国互联网广告数据报告》及《2023 中国互联网营销发展报告》的数据显示，2023 年中国互联网广告市场规模预计达 5 732 亿元，较 2022 年增长 12.66%（见图 6-6）。相较 2022 年同比 6.38% 的负增速，中国互联网广告市场再现增长态势。2023 年，字节跳动全年实现 23.76% 的增长率，广告收入超过 1 000 亿元；快手、美团广告收入均实现 20% 左右的增长；拼多多广告投入全年增速超 50%，有进入 200 亿元俱乐部、赶超京东和美团的趋势。

图 6-6　2017—2023 年中国市场互联网广告总体收入情况

资料来源：中关村互动营销实验室。

【问题】

网络广告具体是什么？有什么优势？为何得到越来越多企业的青睐？

▶ 任务六　学习网络信息搜集

任务导入

根据以上任务，王新已经明白了如何选择网上产品、如何进行网络营销、如何制定网络营销策略及什么是网络广告。那么，消费者如何搜索某化妆品牌的相关信息呢？

知识探究

一、网络信息的概念与特点

信息是指反映客观事实的可传递的知识，是人们对数据进行相应处理后产生的对特定对象有用的结果。网络信息限定了信息传递的媒体和途径，只有通过计算机网络传递的信息（包括文字、数据、表格、图形、影像、声音等能够被人或计算机察知的符号系统），才属于网络信息的范畴。

相对于传统信息，网络信息具有以下显著的特点。

1. 时效性强

传统信息由于传递速度慢、传递渠道不畅，经常导致"信息获得了但也失效了"。网络信息则可以保证信息的时效性。

2. 准确性高

网络信息绝大部分是通过搜索引擎找到信息发布源获得的，这个过程减少了信息传递的中间环节，从而减少了信息的误传和更改，有效地保证了信息的准确性。

3. 便于存储

现代经济生活中的信息量是非常大的，如果仍然使用传统的信息载体把它们都存储起来，难度相当大，而且不易查找。网络信息可以方便地从互联网下载到自己的计算机上，通过计算机进行信息管理。而且，在互联网的网站上也有相应的信息存储系统，若下载的信息资料遗失，还可以到原有信息源中再次查找。

4. 加工筛选难度大

虽然网络系统提供了许多检索方法，但堆积如山的全球范围各行各业的信息，常常把人淹没在信息的海洋或者说信息垃圾之中。在浩瀚的网络信息资源中，迅速找到自己所需要的信息，经过加工、筛选和整理，把有用的信息提炼出来，需要相当长一段时间的培训和经验积累。

二、网络信息的搜集要求

对于现代企业来说，如果把人才比作企业的支柱，信息则可看作企业的生命，是企业发展离不开的法宝。网络商务信息不仅是企业进行网络营销决策和计划的基础，而且对于企业的战略管理、市场研究以及新产品开发都有着极为重要的作用。因此，对网络信息的搜集要求做到及时、准确、适度和经济。

1. 及时

所谓及时，就是要迅速、灵敏地搜集反映销售市场各方面的最新动态的信息。信息都是有时效性的，其价值与时间成反比。尽可能地提高信息的时效性，是网络商务信息搜集的主要目标之一。

2. 准确

所谓准确，是指信息应真实地反映客观现实，失真度小。在网络营销中，由于买卖双方不直接见面，准确的信息就显得尤为重要。准确的信息才可能带来正确的市场决策。信息失真，轻则会贻误商机，重则会造成重大的损失。

3. 适度

适度是指提供信息要有针对性和目的性，不要无的放矢。企业的营销活动如果没有信息依据就会处于一种盲目的状态，而信息过多过滥也会使营销人员无所适从。因此，网络商务信息的搜集必须目标明确，方法恰当，信息搜集的范围和数量要适度。

4. 经济

经济是指以最低的费用获得必要的信息。追求经济效益是一切经济活动的中心，也是网络商务信息搜集的原则。

三、网络信息搜集的工具与方法

1. 利用搜索引擎搜集

搜索引擎是在互联网上搜索和定位信息资源的基本工具，可以帮助用户从成千上万个网站中快速有效地查询所需要的信息。

搜索引擎是通过在搜索栏中输入关键字进行信息查找的，关键字是否能准确表达用户的检索要求至关重要。选择关键字要注意以下问题：

（1）关键字要能准确反映检索主题。

（2）通过词组或布尔运算符对检索范围适当加以限制，以避免因检索范围过大而导致返回信息过多。

通常布尔运算符有如下形式：

1）与：使用空格、字符＋、and（一般使用空格较多）。

2）或：字符｜、or。

3）非：字符－、not。

（3）避免因词组过多局限了检索范围而检索不到有用的信息。

（4）注意区分字母的大小写。

（5）各个搜索引擎对关键字输入的要求不同，用户在使用具体的搜索引擎时需要查看使用说明。而且，各个搜索引擎提供的功能也有差别，有些特色功能可以很好地帮助我们搜集信息，如百度的"百度快照"和"高级搜索"功能。

1）百度快照。若无法打开某个搜索结果，或者打开速度特别慢，可以使用"百度快照"功能。每个未被禁止搜索的网页，在百度上都会自动生成临时缓存页面，成为"百度快照"。遇到网站服务器暂时有故障或网络传输堵塞时，可以通过"百度快照"快速浏览页面文本内容。

2）高级搜索。若对百度的各种查询语法不熟悉，可以使用百度的高级搜索功能，按要求依次输入下列内容，如图 6-7 所示。

Baidu百度	高级搜索		
搜索结果	包含以下**全部**的关键词		百度一下
	包含以下的**完整**关键词		
	包含以下**任意**一个关键词		
	不包括以下关键词		
搜索结果显示条数	选择搜索结果显示的条数	每页显示10条 ▾	
时间	限定要搜索的网页的时间是	全部时间 ▾	
语言	搜索网页语言是	⦿ 全部语言 ○ 仅在简体中文中 ○ 仅在繁体中文中	
文档格式	搜索网页格式是	所有网页和文件 ▾	
关键词位置	查询关键词位于	⦿ 网页的任何地方 ○ 仅网页的标题中 ○ 仅在网页的URL中	
站内搜索	限定要搜索指定的网站是		例如：baidu.com

©2014 Baidu

图 6-7　百度高级搜索功能

2. 利用电子邮件搜集

电子邮件是用户之间通过计算机网络收发信息的服务，是网络用户快捷、简便、可靠且成本低廉的现代化通信手段，也是互联网上使用最广泛、最受欢迎的服务之一。

3. 利用 BBS 搜集

其操作步骤一般为：登录某个 BBS 网站—注册为会员—以会员身份登录—浏览相关帖子并搜集需要的信息。

4. 利用新闻组搜集

处理新闻组的基本工具是 Outlook Express。要订阅和浏览新闻组上的新闻，首先要在 Outlook Express 中添加新闻组账号，并从该新闻组上将所订阅的新闻下载到计算机中。

📂 知识链接 ▮▮

搜索引擎的查询语法

搜索引擎的查询语法能让我们更准确、更快速地从海量的网络信息中查找所需信息，然而查询语法虽然非常好用，但是不容易记忆，以下列举一些查询语法：

（1）把搜索范围限定在网页标题中：关键字"intitle：标题"，注意"intitle："和后面的关键词之间不要有空格。

（2）把搜索范围限定在特定站点中：关键字"site：站名"。

（3）精确匹配：双引号""和书名号《》。

（4）要求搜索结果中同时包含或不含特定查询词："＋"、"－"（减号）。

（5）专业文档搜索："filetype：文档格式"。

🎞 任务实施

消费者如何搜索某化妆品牌的相关信息呢？我们一起来回顾项目案例并进行分析，将分析结果填入下表。

人物	搜索某化妆品牌的渠道
消费者	

分析提醒：

某化妆品牌针对目标人群，同时开设了名为@型男成长营的微博和微信账号，并在京东商城建立了某化妆品牌男士 BB 霜首发专页。因此，我们可以通过搜索微博、微信账号，以及登录京东商城等方式搜索某化妆品牌相关信息。此外，一般来说，百度等搜索引擎也可查询到相关信息。

🖥️)) 同步训练 ▮▮

假设你将于12月20日到北京出差，你需要从广州白云机场乘飞机到北京。要求选择打折机票，越便宜越好。

【问题】

请你上网搜集相关信息、保存符合要求的信息，并能够对信息价值做出基本的判断。

▶ 任务七 认识网络营销新形态——新零售

📹 任务导入

为了更进一步地认识网络营销新形态，老师给王新布置了一个新任务，分析新零售的发展阶段和发展趋势。

◎ 知识探究

由于受到电商行业的冲击，线下传统零售商家纷纷"触网自救"，努力走向线上；而线上电商在遭遇互联网流量红利消失和增长极限的天花板后，也开始走向线下。2016年10月，"新零售"这一概念被提出，"新零售"俨然成为托起数十万亿新消费商机和重燃大众创业激情的热词。

一、零售的概念

零售是指向最终消费者（包括个人或社会集团）出售生活消费品及相关服务，以供其最终消费之用的全部活动。零售活动的特征：零售活动中的商品用于消费、服务也是零售活动中的商品、零售活动的场景多变、零售活动的目标客户多样化。构成零售活动的三个要素是：人（或机构）、货（或服务）、场（景）。

二、新零售——颠覆传统的零售新模式

新零售是指，以消费者为中心，通过运用大数据、人工智能等技术对商品的生产、流通和销售过程进行升级改造，发挥线上与线下零售的双重优势，将线上、线下及现代物流进行深度融合的零售新模式。其核心在于提升消费者体验，推动线上、线下及物流等多方跨界融合。

新零售是通过线上线下互动融合的运营方式，将电商的经验和优势发挥到实体零售中，改善购物体验，提升流通效率，由此实现消费升级的创新零售模式。智慧零售的出发点是赋能，充分发挥大数据、云、人工智能等技术，让线下门店借助这些技术全面实现数据化和智能化，即利用数字技术打通"人""货""场"，让传统零售抓住数字化机遇，以消费者体验为中心的数据驱动的泛零售形态，它具有三大特征。以心为本：掌握数据就是掌握消费者的需求；零售二重性：二维思考下的理想零售；零售模式大爆发：孵化多元零售新形态与新模式。新零售的"新"表现在由技术变革和需求变革的共同驱动下，对零售业全要素、多维度、系统化的改革，并对交易活动中的商业关系、利益关系、组织方式进行升级。

三、新零售的发展阶段

云（云计算、大数据）、网（互联网、物联网）、端（PC 终端、移动终端、智能穿戴、传感器等）构建起"互联网＋"下的新社会基础设施，为新零售准备了必要的条件。一直以来，零售商依赖于数据塑造与消费者之间的互动，通过信息技术推动商业向消费者深度参与的方向发展。

1. POS 系统引入店铺，获得基础数据

第一阶段，将 POS 系统引入店铺，获得基础数据，并在此基础之上发展会员制度。

2. 移动端和社交媒体获得消费者信息

第二阶段，利用互联网的发展，通过移动端和社交媒体获取有效的消费者信息。

3. 智能设备引入店铺

第三阶段，伴随近场感应终端、应用场景定位、虚拟试衣镜、传感器、大数据、移动终端等技术，完善商户线下应用场景，实现设备与人之间的实时互联。

4. "物联网＋零售"实现智能化、自助化零售

第四阶段，通过远程无线技术搭建物联网，并通过物联网将信息实时传输给有关系统和终端用户，使得无论消费者身在何方，都处于智能设备访问范围内，从而使得零售商能够从互联的零售系统和设备之中采集数据，并通过智能系统驱动优化操作。

我国目前的零售业发展正在跨过第二阶段，很多企业进入第三阶段：通过场景服务运营商提供整套"互联网＋"的解决方案，实现 Wi-Fi 覆盖和 i-Beacon 应用进行场景定位，并通过近场感应终端、传感器等技术，实现对消费者购物轨迹的全流程追踪。伴随着物联网技术的成熟以及在零售领域的应用，零售业对技术的应用将进入第四阶段，即物联网＋零售，零售行业的服务边界进一步扩展。以天猫为代表的新零售平台，通过云计算、大数据、人工智能等互联网底层技术能力，链接品牌商、供应商、分销商、服务商等零售业生态伙伴，向着自助化、智能化发展，形成全新的商业基础设施，全面赋能合作伙伴，与消费者产生全新的链接和互动。技术发展为新零售产生提供了土壤，新零售沿着如上轨迹产生、发展、成熟。

任务实施

新零售的发展阶段和发展趋势是什么？我们一起来分析，并将分析结果填入下表。

新零售的发展阶段	新零售的发展趋势

分析提醒：

1. 新零售有 4 个发展阶段：POS 系统引入店铺，获得基础数据；移动端和社交媒体获得消费者信息；智能设备引入店铺；"物联网＋零售"实现智能化、自助化零售。

2. 新零售的发展趋势主要是：线上线下趋于统一化，会员经济发展迅速，体验式、个性化服务需求增加、更加高效。

同步训练

新零售是我国零售业多年创新积累后降生的新生命，其着眼点是全球商业在互联网和大数据时代的未来图谱。在天猫等电商平台的带动下，经历了一段时间的快速成长，目前已初具全球竞争优势。未来要小心呵护，保障其健康成长，在前进的道路上走得更稳、更远。

【问题】

1. 上网查找一些网站，看它们是否符合新零售定义中的内容，并记下不同网站的区别。

2. 上网查找有关新零售的发展历程资料并归纳总结。

▶ 任务八　认识网络营销新形态——直播

任务导入

通过一段时间的学习，王新对于什么是电子商务、电子商务的分类及组成要素、电子商务的特点以及支撑环境等知识有了相对全面的了解，可对于认识网络营销新形态——直播带货还尚未有全面与系统的了解。为了激发对"直播带货"的学习热情，老师安排了一个新任务：分析直播带货的核心点——人、货、场搭建时的影响因素。

知识探究

直播带货指通过一些互联网平台，使用直播技术，进行近距离商品展示、咨询答复、导购的新型服务方式。其具体形式可由店铺开设直播间，或由职业主播集合进行推介，不仅更具亲和力、互动性，还绕过了经销商等传统中间渠道，直接实现了商品和消费者对接，往往能做到全网最低价。

一、直播带货的发展阶段

2005 年，我国 9158 平台开创了视频聊天业务。2009 年社区导购模式开启直播电商萌芽期，2016 年主要电商平台布局直播电商进入直播元年，2018 年内容平台进入直播带货赛道，2020 年疫情环境下现象级头部主播引领直播电商快速增长，2021 年以来抖音、快手接力引领直播电商市场持续扩张，进入全民直播时代。具体可以分为以下六个阶段：

第一阶段：初始阶段。直播平台应运而生，2016 年为直播元年，这一年里我国提供互联网直播平台服务的企业有 200 多家，直播市场总量超过了 250 亿元。

第二阶段：精细化分类阶段。2017 年为行业分化并向精细化方向发展的阶段，这一年国内直播电商市场交易规模为 196.4 亿元，市场初具规模。

第三阶段：行业整合阶段。行业开始向产业链的上下游进行资源整合。2018 年快手电商和抖音直播纷纷上线。2019 年淘宝直播间用户达 4 亿，年交易额破亿元的主播有 117 位，直播间商品超过 4 000 万个，参与商家同比增加 268%，整年成交额突破 2 000 亿元。

第四阶段：野蛮生长阶段。直播电商快速发展，不同直播电商模式逐渐分化。

第五阶段：规范发展阶段。直播电商作为一种重要业态，相关部门高度重视，出台一系列扶持政策和监管规范政策。2021 年头部主播流量转移到腰部主播和企业自播，同时直播电商市场交易规模达 23 615.1 亿元，从 2017 年开始仅用了 4 年时间就完成了万亿元的增长。

第六阶段：快速发展阶段。2022 年 6 月东方甄选直播间走红，6 月 18 日单日观看人次高达 6 167 万，截至 2022 年 12 月 30 日粉丝高达 2 896 万，单日观看人次多在千万量级，近 180 天累计带货 25 亿～50 亿元。2022 年 4 月，国务院办公厅印发的《关于进一步释放消费潜力促进消费持续恢复的意见》指出，要有序引导网络直播等规范发展。

二、直播带货的优势

直播带货短时间内迅速成为重要的推广方式的原因如下：

1. 成本低

直播带货的营销成本相对低，省去了很多传统商店所需要的成本。

2. 近距离感受

直播带货属于"消费类直播"，让消费者"边看边消费"，有效解决了网购中消费者对产品信息缺乏了解的痛点。

3. 商品真实感更强

直播模式是多维度立体化的，能够更加直观、更加真实，互动性也更强。消费者不仅能通过图片来了解商品，还能通过短视频、主播对产品的体验，甚至可以通过弹幕看到以往消费者的发言，增强商品的真实感和消费者的互动性。

4. 受众面更广

通过直播平台卖货，可以吸引来自全国各地的消费者，避免了空间限制。

5. 互动性强

直播带货可以更快地将优惠活动传达给消费者，主播可通过弹幕的形式看到消费者的真正需求是什么，能及时解答疑惑，留住消费者，促成消费。

三、直播带货的核心

"人""货""场"为直播带货的核心点。

人：指直播间里的人，有主播、副播和场控以及整个直播团队。

直播间的人气很大程度取决于主播，主播是直播带货的"灵魂"，一个有趣的"灵魂"是直播的关键。主播的专业度是可以给直播间大大加分的。主播要在直播前做好充分的准备工作，提前了解产品的卖点和爆点，懂产品才能卖产品。直播带货专业的主播，就等于人对于货给予了信任背书。另外，主播要给用户种草的感觉、超值的感觉，抢到就是赚到的感觉。

货：指直播间卖的货，即产品和供应链。

直播带货表面上拼的是流量，本质上拼的还是产品供应链。直播间的优质产品和稳定的供应链，是强势的竞争力。产品通过主播的饥饿营销给消费者制造一种稀缺感，因此，产品的竞争力和主播个人 IP 的独特性是成功直播间的标配。

场：指的是直播间的场景搭建和场观。

直播间的环境是消费者第一眼的观感体验，消费者进入不同的直播间，感受的氛围和气场都是不一样的。直播画质一定要高清、好看，给消费者优质的观感体验。而且直播间就是一个移动式的电商平台，不只是被框在一个十几平方米的房间，工厂、原产地、专柜、商场门店、直播基地都可以作为直播间背景。一切流程透明化，给消费者一种亲临现场感。消费者就像是在商场购物的感觉，购买起来满意放心。

任务实施

为了能够更加深度认识网络营销新形态——直播带货，老师安排了一个任务，让王新分析直播带货的核心点——人、货、场搭建时的影响因素。让我们一起来分析，并将分析结果填入下表。

核心点	影响因素
人	
货	
场	

分析提醒：

1. 对于人而言，如何更好地搭建直播团队？如何更加精准地吸引消费者？

2. 对于货来说，怎么才能突出产品的特点？怎么突出产品卖点？怎么更好地吸引消费者为产品买单？

3. 怎么搭建适合产品的环境？使用怎么样的话术？

同步训练

随着直播电商的兴起和发展，各大平台都出现了具有代表性的人物和商家，如抖音的东方甄选等。它们的兴起和带货方式值得很多新人借鉴和学习。

【问题】

寻找你最感兴趣的一位主播，看看他是如何搭建人、货、场。

德技并修

重责在肩，大有可为

——黄韬：站在巨人肩膀上再造互联网神话

2003 年，黄韬创办长沙网际互联有限公司，这是湖南竞网智赢网络技术有限公司的前身。

2004 年，网际互联签约百度，站在巨人的肩膀上，迈出了湖南互联网营销之路的第一步。其时，中国企业的互联网意识尚在启蒙阶段，大多数企业对使用互联网工具驱动发展持怀疑和拒绝的态度，企业的互联网意识亟须教育和引导。此后，竞网一边担负起教育市场的职责，一边不断加强服务客户的能力。2005 年，竞网率先建立客户服务团队，为湖南中小企业提供"一帮一"顾问式服务；2006 年，开展"网站平台免费送"活动，为 1 000 余家中小企业创新转型"输血"；2007 年，举办搜索营销系列峰会，以实战人才认证助企业"造血"；为培养互联网人才，黄韬成立了竞网大学，现已帮助企业培训互联网人才 30 000 余人。16 年间，竞网累计举办各类巡讲、培训 1 000 余场。进入"大众创业，万众创新"的时代大潮，黄韬顺势而动。自 2014 年始，黄韬设立创新创业投资基，制订了多领域的合伙人计划，鼓励公司员工二次创业。通过积极推进企业内部创业机制创新、创新创业平台创建以及实战人才培养基地建设，黄韬努力打造了集"资源、服务、研究、教育、金融"为一体化的创新创业生态圈，形成了一整套支持创新创业的制度建设体系和管理体系。

作为政协第十二届湖南省委员会委员，黄韬凭借求实创新的工作作风和责无旁贷的使命感，高度关注社会问题，聚焦行业发展，认真履职，积极建言献策，先后提出《关于持续提升中小企业信息化应用能力助推区域经济发展的意见和建议》《关于加快提升企业"十互联网"能力的提案》《关于产业互联网趋势下，互联网架构的企业服务生态平台亟待建设与升级的提案》《关于为本土互联网应用人才的引进和培育做好加法的提案》《关于加强我市非公中小企业品牌宣传的提案》等建议，均得到相关部门的重视。

思政点拨：

党的二十大报告指出：新时代的伟大成就是党和人民一道拼出来、干出来、奋斗出来的。优秀电商人爱国敬业、守法经营、创新创业、履行社会责任的事迹，不仅值得学习，而且激励着更多电商新人在新时代的经济建设事业中大显身手，共创电商事业美好的明天。

💾 考证园地 ▮▮

一、单选题

1.（　　）的销售和传输全部通过计算机网络进行，无须物流配送环节。

A. 实体商品　　　　B. 软体商品　　　　C. 在线服务　　　　D. 软件商品

2. 下列选项中，不属于网络销售特点的是（　　）。

A. 市场面更广　　　B. 全天候营业　　　C. 交易更便利　　　D. 成本显著提高

3.（　　）是指个人入驻 C2C、B2C 等各种网络交易平台，开设品牌或商品专卖店，利用平台积累的人气和服务，开展网络零售业务。

A. 网络直销　　　　B. 网上商店　　　　C. 网上开店　　　　D. 网络销售

4. 以下不属于网络交易中买方成本的是（　　）。

A. 顾客服务成本　　　　　　　　　B. 顾客付出的时间精力

C. 顾客承担的各种风险　　　　　　D. 浏览成本

5.（　　）一般以企业标识、广告语等的静态或动态图像表示，其设计侧重于体现企业的形象。

A. 旗帜广告　　　　B. 标识广告　　　　C. 文字广告　　　　D. 对联广告

6. 以下网上调查问卷的哪个问题表述到位？（　　）

A. 这种奶茶很顺滑吧？

B. 你一年前买的酱油是哪个牌子的？

C. 最近你从这家电器商店购买了什么家电产品？

D. 你觉得开心驿站浏览速度如何？

7. 互联网使用者多半是年轻人，具有较高的受教育水平，购买力强而且具有很强的市场影响力，因此极具开发潜力。以上是关于网络营销哪个特点的描述？（　　）

A. 交互式　　　　B. 年轻化　　　　C. 开发潜力强　　　D. 低成本运作

8. 以下不属于在线服务的是（　　　）。

A. 股市行情分析　　B. 电子报刊　　　C. 远程教育　　　　D. 法律查询

9. 网络市场是以网络用户为主要目标的市场，登录互联网需要计算机基本知识和必要的计算机设备，所以网络营销所指向的消费者是一个特定的消费群体。以上是关于网上产品哪个特点的描述？（　　　）

A. 独特性　　　　　B. 稀有性　　　　C. 中低价位　　　　D. 市场针对性

10. （　　　）已成为继传统四大媒体之后的第五大媒体。

A. 电视广告　　　　B. 网络广告　　　C. 报纸广告　　　　D. 杂志广告

二、多选题

1. 网上产品可以分为（　　　）。

A. 实体商品　　　　B. 软体商品　　　C. 在线服务　　　　D. 软件商品

2. 按照企业开展网络销售的途径，网络销售可以划分为（　　　）。

A. 自建网站销售模式　　　　　　　　B. 依托平台销售模式

C. 网上商店　　　　　　　　　　　　D. 混合销售模式

3. 网络营销的特点有（　　　）。

A. 无时间、地域限制　　　　　　　　B. 个性化

C. 低成本运作　　　　　　　　　　　D. 滞后性

4. 网络营销策略中的4Cs包括（　　　）。

A. 顾客导向策略　　　　　　　　　　B. 成本策略

C. 便利策略　　　　　　　　　　　　D. 沟通策略

5. 利用互联网进行市场调研的方法有（　　　）。

A. 主动调查法　　　B. 网上直接调查　　C. 网上间接调查　　D. 被动调查法

6. 网络信息的特点有（　　　）。

A. 时效性强　　　　B. 准确性高　　　C. 便于存储　　　　D. 加工筛选难度大

7. 搜集网络信息的要求有（　　　）。

A. 及时　　　　　　B. 准确　　　　　C. 适度　　　　　　D. 经济

8. 网络广告的特点有（　　　）。

A. 传播范围广　　　B. 互动性强　　　C. 不受时间限制　　D. 对象明确

9. 设计问卷时应注意（　　　）。

A. 问题设计应力求详细周到　　　　　B. 所提问题不应有偏见或误导性

C. 避免引起人们反感的问题　　　　　D. 问题应是记忆范围内的

三、名词解释

1. 网上产品

2. 网络销售

3. 网络营销

4. 网络市场调研

5. 网络广告

6. 网络信息

四、简答题

1. 适合在网上销售的产品一般具有哪些特点？
2. 相对于传统销售，网络销售具有哪些优势？
3. 设计网上调查问卷应注意哪些问题？
4. 常见的网络广告有哪些类型？

五、设计题

如果你要进行电子商务创业，请根据本项目所学知识写一份简单的创业计划。创业计划主要包括以下内容：

(1) 你会选择什么产品进行销售？为什么选择这种产品？

(2) 你将选择哪个互联网平台？为什么？

(3) 为你的店铺或者产品设计一次促销活动，并说明采用的网络营销策略。

(4) 你会采取哪些网络广告形式进行宣传？为什么？

六、案例分析

A 国有一个商人被关进监狱，监狱长答应满足他的一个要求。商人说他要一部能与外界沟通的电话。

三年后，商人刑满释放。离开监狱前，他紧紧握着监狱长的手说："这三年来我人虽在监狱，但每天能与外界联系，我的生意不但没有停顿，反而增长了两倍。"

问题：

在网络时代，我们该如何搜集网络信息？

项目七

电子商务物流

　　物流是随商品生产的出现而出现，随商品生产的发展而发展的，所以物流是一种古老的经济活动。随着物流科学的迅速发展，世界上许多国家的专业研究机构、管理机构以及物流研究专家对物流做出了多种定义。中华人民共和国国家标准《物流术语》中是这样定义的：物流是物品从供应地向接收地的实体流动过程。根据实际需要，将运输、储存、装卸、搬运、包装、流通加工、配送、信息处理等基本功能实施有机结合。随着电子商务的发展，物流呈现出新的特点。

　　通过前面六个项目的学习，王新已经对电子商务的基本知识有了了解，对电子商务物流也产生了浓厚的兴趣。为了提高学生对电子商务物流的了解，老师根据国家职业技能标准"网店运营师""互联网营销师""电子商务师"中的要求，给王新布置了一个学习电子商务物流的任务。

✅ 学习目标 ❙❙

　● 知识目标

　1. 了解物流的概念。

　2. 掌握电子商务物流配送与物流配送中心的含义。

　3. 掌握电子商务物流模式。

　● 技能目标

　1. 掌握电子商务物流配送中心的类型。

　2. 掌握电子商务物流配送中心的实际工作情景。

　● 素养目标

　1. 提高对电子商务新业态的认识，提高接受新事物的能力。

　2. 在学习过程中通过小组合作的形式，培养团队协作的精神。

　3. 提高职业担当，通过移动电商实习，增强助农兴商的社会责任感。

项目案例 ‖

1993年，顺丰诞生于广东顺德。经过多年发展，顺丰已成为国内领先的快递物流综合服务商、全球第四大快递公司。顺丰秉承"以用户为中心，以需求为导向，以体验为根本"的产品设计思维，聚焦行业特性，从客户应用场景出发，深挖不同场景下客户端到端全流程接触点需求及其他个性化需求，设计适合客户的产品服务及解决方案，持续优化产品体系与服务质量。同时，顺丰利用科技赋能产品创新，形成行业解决方案，为客户提供涵盖多行业、多场景、智能化、一体化的智慧供应链解决方案。

顺丰围绕物流生态圈，横向拓展多元业务领域，纵深完善产品分层，满足不同细分市场需求，覆盖客户完整供应链条。经过多年发展，依托于公司拥有的覆盖全国和全球主要国家及地区的高渗透率的快递网络，顺丰为客户提供贯穿采购、生产、流通、销售、售后的一体化供应链解决方案。同时，作为具有"天网＋地网＋信息网"网络规模优势的智能物流运营商，顺丰拥有对全网络强有力管控的经营模式。

▶ 任务一　学习物流基本知识

任务导入

老师给王新布置了一个任务，对项目的案例进行分析，并结合本任务所学知识，对物流进行分类。

知识探究

一、物流与电子商务物流

1. 物流的定义

随着物流科学的迅速发展，世界上许多国家的专业研究机构、管理机构以及物流研究专家对物流做出了各种定义。中华人民共和国国家标准《物流术语》中是这样定义的：物流是物品从供应地向接收地的实体流动过程。根据实际需要，将运输、储存、装卸、搬运、包装、流通加工、配送、信息处理等基本功能实施有机结合。

物流的概念有狭义和广义之分。狭义的物流，仅指作为商品的物质资料在生产者与消费者之间发生的空间位移，只包括流通领域，属于流通领域内的经济活动。广义的物流，既包括流通领域，又包括生产领域。

物流是随商品生产的出现而出现，随商品生产的发展而发展的，所以物流是一种古老的、传统的经济活动。传统物流供应链如图7-1所示。传统的物流受到信息流通速度的影响，无法真正按需生产，因此，很容易造成整个物流供应链的脱节，导致产品库存增加或者出现缺货的现象。

供应商 → 制造商 → 批发商 → 零售商 → 消费者

图7-1 传统物流供应链

2. 物流的分类

物流功能的实施与管理过程称为物流活动。物流活动在社会经济领域中无处不在，不同领域的物流，虽然存在着相同的基本要素，但由于物流的对象、目的、范围和范畴的不同，形成了不同的物流类型。

（1）按照物流所起的作用，可以将物流分为供应物流、销售物流、生产物流、回收物流、废弃物流等不同的种类。

（2）按照物流活动涉及的空间和范围，可以将物流分为地区物流、国内物流和国际物流。

（3）按照物流系统的性质，可以将物流分为社会物流、行业物流和企业物流。

3. 电子商务物流的定义

电子商务环境下的物流就是现代物流。电子商务物流是指将信息、运输、仓储、库存、装卸、搬运以及包装等物流活动综合起来的一种新型的集成式管理方式。其任务是尽可能降低物流总成本，解决企业与消费者之间的供需矛盾，为消费者提供最好的服务。

4. 电子商务物流的特点

（1）信息化。

电子商务时代，物流信息化是电子商务的必然要求。物流信息化表现为物流信息的商品化、物流信息收集的数据库化和代码化、物流信息处理的电子化和计算机化、物流信息传递的标准化和实时化、物流信息存储的数字化等。因此，条码技术（Bar Code）、数据库技术（Database）、电子订货系统（Electronic Ordering System，EOS）、电子数据交换（Electronic Data Interchange，EDI）、快速反应（Quick Response，QR）及有效的客户响应（Effective Customer Response，ECR）、企业资源计划（Enterprise Resource Planning，ERP）等技术与观念在我国的物流业中得到普遍应用。信息化是现代物流的基础，没有物流的信息化，任何先进的技术设备都不可能应用于物流领域，信息技术及计算机技术在物流中的应用彻底改变了物流的面貌。

（2）自动化。

自动化的基础是信息化，自动化的核心是机电一体化，自动化的外在表现是无人化，自动化的效果是省力化。另外，自动化还可以扩大物流作业能力、提高劳动生产率、减少物流作业的差错等。

（3）网络化。

物流领域网络化是电子商务物流活动的主要特征之一。这里的网络化有两层含义：一是物流配送系统的计算机通信网络化，包括物流配送中心与供应商或制造商的联系要通过计算机网络，与下游顾客之间的联系也要通过计算机网络；二是组织的网络化，即建立企业内部网，主要用于企业内部各部门之间的信息传输。

（4）智能化。

智能化是物流自动化、信息化的一种高层次应用，物流作业过程大量的运筹和决策，如库存水平的确定、运输（搬运）路径的选择、自动导向车的运行轨迹和作业控制、自动分拣机的运行、物流配送中心经营管理的决策支持等问题都需要借助于大量的知识才能解决。为了提高物流的现代化水平，物流智能化已成为电子商务物流发展的一个新趋势。

（5）柔性化。

柔性化本来是为实现"以顾客为中心"的理念而在生产领域提出的，以使企业能根据顾客的需求变化来灵活调整生产和工艺。但要真正做到柔性化，没有配套的柔性化的物流系统是不可能达到目的的。柔性化的物流正是适应生产、流通与消费的需求而发展起来的一种新型物流模式。

二、电子商务与物流的关系

电子商务中的任何一笔交易，都包含着几种基本的"流"，即信息流、资金流和物流。其中，物流是电子商务的重要组成部分之一，电子商务离不开物流，两者的关系密不可分。

1. 电子商务是现代物流和信息技术发展的产物，现代物流又是电子商务发展的必备条件

每笔电子商务交易一般都需要具备三项基本要素：物流、信息流和资金流。其中，物流是基础，信息是桥梁，资金是目的。贸易伙伴需要交易信息以便对产品进行发送、跟踪、分拣、接收、储存、提货以及包装等。在信息化的电子商务时代，物流与信息流的配合也变得更重要，电子商务的发展必须借助现代物流技术。

2. 物流配送体系是电子商务的支持系统

现代物流配送体系可以为电子商务客户提供服务。根据电子商务的特点，现代物流技术可对整个物流配送体系实行统一的信息管理和调度，按照客户要求在物流基地完成理货，并将配好的货物送交收货人。这一现代物流方式对物流企业提高服务质量、降低物流成本、提高企业经济效益及社会效益具有重要意义。

3. 物流是实现"以顾客为中心"理念的根本保证

电子商务的出现，最大限度地方便了最终消费者。买卖双方通过网络开展商务活动，降低了交易成本，提高了交易效率。只有依靠现代化的物流技术，将商品及时送达消费者，电子商务给消费者带来的购物便捷才能真正实现，因此，物流是电子商务中实现"以顾客为中心"理念的最终保证。

4. 电子商务环境要求物流企业创新客户服务模式

电子商务的即时性要求物流企业创新客户响应模式，建立良好的信息处理系统和传输系统，以便在第一时间对客户要求做出反应。在电子商务条件下，速度已上升为物流企业最主要的竞争手段，所以在物流系统内采用 EDI 技术成为一种重要趋势。

从总体上看，电子商务与物流的关系可以表述为：电子商务改变物流，物流也将影响电子商务的发展，物流体系的完善将会进一步推动电子商务的发展，二者相辅相成、互相影响、互相促进。

三、电子商务物流与传统物流的区别

电子商务物流与传统物流的主要区别见表7-1。

表7-1 电子商务物流与传统物流的主要区别

比较项目	电子商务物流	传统物流
承运类型	包裹、单元产品	散装
顾客类型	未知	既定
物流运作模式	拉式	推式
库存、订单流	双向	单向
物流目的地	高度分散	集中
物流管理要求	及时、优质、整体成本最优	稳定、一致
物流管理责任	整个供应链	单一环节

电子商务物流与传统物流在管理上的主要区别见表7-2。

表7-2 电子商务物流与传统物流在管理上的主要区别

比较项目	电子商务物流管理	传统物流管理
服务理念	以顾客为中心	以规模为中心
配送体系	网状配送网络体系	单一线性配送体系
技术支持	网络技术、信息技术	传统管理技术
信息响应	信息化程度高，反应迅速	信息传递迟缓，响应慢
管理特征	柔性化	刚性化
合作程度	强调协同合作	格局分散

任务实施

对项目案例进行分析，并结合本任务所学知识，对物流进行分类。我们一起回顾案例并进行分析，将分析结果填入下表。

	物流的分类
分类一	
分类二	
分类三	
结论：顺丰物流是电商物流的一部分吗？	是（ ）否（ ）

分析提醒：

物流功能的实施与管理过程称为物流活动。物流活动在社会经济领域中无处不在，不同领域的物流，虽然存在着相同的基本要素，但由于物流的对象、目的、范围和范畴的不同，形成了不同的物流类型。

（1）按照物流所起的作用，可以将物流分为供应物流、销售物流、生产物流、回收物流、废弃物流等不同的种类。

（2）按照物流活动涉及的空间和范围，可以将物流分为地区物流、国内物流和国际物流。

（3）按照物流系统的性质，可以将物流分为社会物流、行业物流和企业物流。

📖》同步训练

自 2007 年 8 月开始，京东商城先后赢得今日资本、DST 和老虎基金等多轮融资，金额高达 15 亿美元，每一轮融资都给京东商城带来了蓬勃的发展动力。2009 年初，京东商城就斥巨资成立自己的物流公司，分别在北京、上海、广州、成都、武汉设立一级物流中心，随后在沈阳、济南、西安、南京、杭州、福州、佛山、深圳 8 个城市建立二级物流中心，这些城市的顾客是京东商城的主要顾客。以华东物流中心上海为例，每日能正常处理 2.5 万个订单，日订单极限处理能力达到 5 万单。京东商城在上海嘉定购置 260 亩土地打造亚洲最大的现代化 B2C 物流中心"亚洲一号"。"亚洲一号"支持百万级的 SKU（Stock Keeping Unit，库存量单位），正是有了如此大规模的自营物流体系的支持，京东商城才能在 2010 年 4 月正式推出"211 限时送达"服务，即当天上午 11 点前下订单，下午送达；晚上 11 点前下订单，次日上午送达。

【问题】

根据京东采用的电子商务物流形式，总结一下电子商务物流模式是什么样的。

▶ 任务二　掌握电子商务物流模式

📹 任务导入

通过上一个任务的学习，王新对项目案例中提到的电子商务物流已经有所了解，他提出了一个疑问，物流配送带来如此多的便捷，那它主要有哪些模式呢？为了解决这个问题，老师给王新布置了一个新的任务，通过信息搜索分析电子商务有哪些物流模式。

⚙ 知识探究

一、物流一体化

所谓物流一体化，就是以物流系统为核心的由生产企业经由物流企业、销售企业，直至消费者的供应链的整体化和系统化。它是物流业发展的高级和成熟阶段。

物流一体化可进一步分为物流自身一体化、微观物流一体化和宏观物流一体化三个层次。

（1）物流自身一体化：是指物流系统的观念逐渐确立，运输、仓储和其他物流要素趋向完备，子系统协调运作，系统化发展。

（2）微观物流一体化：是指市场主体企业将物流提高到企业战略的地位，并且出现了以物流战略作为纽带的企业联盟。

（3）宏观物流一体化：是指物流业发展占到国民生产总值的一定比例，处于社会经济生活的主导地位，使跨国公司从内部职能专业化和国际分工程度的提高中获得规模经济效益。

二、第三方物流

1. 第三方物流的概念

中华人民共和国国家标准《物流术语》将第三方物流定义为"由供方与需方以外的物流企业提供物流服务的业务模式"。

第三方物流是随着物流业的发展而发展的，是物流专业化的重要形式。第三方物流配送模式如图7-2所示。

图7-2 第三方物流配送模式

2. 第三方物流的利弊

经济的不断发展，造就了第三方物流。第三方物流给供应链上的各个环节都带来了极大的便利和好处，主要包括以下方面：

（1）使企业可以集中精力发展主业。第三方物流的加入，使企业能够实现资源优化配置，将有限的人力、财力集中于核心业务，进行重点研究，发展基本技术，开发出新产品参与市场竞争。

（2）为企业节省费用，减少资本积压。企业如果发展自己的物流，购买车辆，建立仓库，配备发货设施、包装器械等就是一笔巨大的投资。而专业的第三方物流提供者，利用规模生产的专业优势和成本优势，通过提高各环节资源的利用率实现费用节省，使企业能从分离费用结构中获益。

（3）为企业减少库存。企业不能承担多种原料和产品库存的无限增长，尤其是高价值的部件要及时送往装配点，以保证库存的最小量。第三方物流提供者借助精心策划的物流计划和适当的运送手段，能最大限度地减少库存，改善企业的现金流量，实现成本优势。

（4）提升企业形象。第三方物流提供者与企业不是竞争对手，而是战略伙伴，可以通过全球性的信息网络使企业的供应链管理完全透明化。第三方物流提供者是物流专家，其利用完备的设施和训练有素的员工对整个供应链实现完全的控制，减少物流的复杂性；通过遍布全球的运送网络和服务提供者大大缩短了交货期，帮助企业改进服务，树立企业的品牌形象。

第三方物流在给企业带来上述便利的同时，也会给企业带来一些隐患，主要表现在以下两方面：

（1）企业自身无法控制物流过程，不能保证供货的准确性和及时性。

（2）企业无法保证物流服务的质量，无法维护与顾客的长期关系。

三、其他电子商务物流模式

目前，除第三方物流模式外，还有其他形式的物流模式，如自营配送模式、共同配送模式、互用配送模式、第四方物流模式、绿色物流模式等。

1. 自营配送模式

自营配送模式是指物流配送的各个环节由企业自身筹建并组织管理，实现企业内部及外部货物配送的模式。

2. 共同配送模式

共同配送模式是指物流配送企业之间为了提高配送效率以及实现配送合理化而建立的功能互补的配送联合体模式。

3. 互用配送模式

互用配送模式是指几个企业为了各自的利益，以契约的方式达成某种协议，互用对方配送系统进行配送的模式。

4. 第四方物流模式

第四方物流是 1998 年美国埃森哲咨询公司率先提出的，专门为第一方、第二方和第三方提供物流规划、咨询、物流信息系统、供应链管理等服务，第四方并不实际承担具体的物流运作活动。

第四方物流是一个供应链的集成商，是供需双方及第三方物流的领导力量。它不是物流的利益方，而是通过拥有的信息技术、整合能力以及其他资源提供一套完整的供应链解决方案，以此获取一定的利润。它帮助企业降低成本和有效整合资源，并且依靠优秀的第三方物流供应商、技术供应商、管理咨询以及其他增值服务商，为客户提供独特的和广泛的供应链解决方案。

5. 绿色物流模式

绿色物流是指在物流过程中抑制物流对环境造成的危害的同时，实现对物流环境的净化，使物流资源得到最充分利用。绿色物流是近年来才提出的新课题，对这一问题进行探讨具有重要的理论意义和实践意义。

素养提升

全流程减碳 "双十一"快递物流实现绿色发展

据国家邮政局数据显示，2022年"双十一"期间（11月1日至11日），全国邮政快递企业共处理快递包裹42.72亿件，日均处理量是日常业务量的1.3倍。11月11日当天共处理快递包裹5.52亿件，是日常业务量的1.8倍。

为推进物流行业的可持续、高质量发展，有效降低经营成本，2022年，全国13万家菜鸟驿站开启了绿色回收，"快递包装回收换蛋"活动全面铺开，让消费者方便回收、开心回收。事实上，本次"双十一"是绿色参与量最高的一次，提前5天完成回箱600万的目标，截至20日，回箱744万个，同比增长超过80%。回箱还被用于在菜鸟驿站的循环寄件。菜鸟数据显示，目前，仅绿色回箱和绿色寄件减碳已超400吨。"双十一"全周期，通过算法为包裹瘦身、绿色回箱和绿色寄件等，产生绿色物流行为超20亿次。

有业内人士认为，"双十一"绿色数据的攀升，意味着全社会环保减碳意识的增强，也意味着企业从追求发展规模到追求发展质量的思路转变。京东物流相关负责人也表示，希望通过绿色包装、新能源仓储、绿色运输、循环回收等绿色物流服务，让更多消费者参与到减碳、降碳中，"让消费者从可持续发展的被动受众，转变为绿色低碳发展的主导者和参与者"。

任务实施

对项目案例进行分析，并结合本任务所学知识，分析电子商务有哪些物流模式，并完成下表。

序号	物流模式	所在平台
1		
2		
3		
4		

分析提醒：

1. 目前，除第三方物流模式外，还有其他形式的物流模式，如自营配送模式、共同配送模式、互用配送模式、第四方物流模式、绿色物流模式等。

2. 上网查找一些电子商务企业所使用的物流模式，从而加深对电子商务物流定义的理解和对电子商务物流模式的了解。

同步训练

海尔商城的物流配送方式

海尔商城是海尔集团的官方网上商城，在线直销海尔旗下各品牌空调、冰箱、洗衣机、彩电、热水器、手机、数码、电脑等家电产品。海尔商城在物流配送上按产品的不同主要分为以下两类。

1. 大家电产品——日日顺物流配送为主

海尔的大家电产品包括冰箱、洗衣机、空调、冷柜、彩电、燃气热水器、电热水器、吸油烟机、燃气灶、消毒柜等。大家电产品的配送主要依托日日顺物流以及全国2 000多家售后服务商提供送货安装一体化服务。

大家电配送流程为用户下单并提交付款后，由专业物流公司（日日顺物流）配送至当地售后服务商，然后由海尔指定服务站点为用户送货上门并安装。具体流程如图7-3所示。

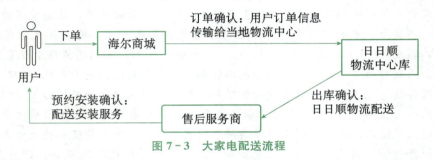

图7-3　大家电配送流程

2. 小件产品、小家电产品——第三方快递公司配送

海尔集团的小件产品、小家电产品主要包括生活家电、手机、数码等类目的产品。其配送主要依托顺丰快递和EMS等第三方快递公司，并提供送货上门服务（特别偏远的地区除外，当地如果没有配送点，快递公司一般会放在离该地最近的一个配送点，然后联系用户取件）。如需安装可拨打全国服务热线预约。

【问题】

海尔商城的电子商务物流模式有哪些？

▶ 任务三　了解电子商务物流配送与物流配送中心

📽 任务导入

老师给王新布置了一个任务，对项目案例进行分析，并结合本任务所学知识，思考电子商务物流配送的特点。

◎ 知识探究

一、电子商务物流配送的概念

电子商务物流配送是指物流配送企业采用网络化的计算机技术和现代化的硬件设备、

软件系统及先进的管理手段，根据用户的订货要求，进行一系列分类、编码、整理、配货等理货工作，按照约定的时间和地点将确定数量和规格要求的商品传递给用户的活动及过程。这种新型的物流配送模式带来了流通领域的巨大变革，越来越多的企业开始积极搭乘电子商务"快车"，采用电子商务物流配送模式。图7-4所示即为电子商务物流配送过程。

图7-4　电子商务物流配送过程

二、电子商务物流配送的特点

与传统的物流配送相比，电子商务物流配送具有以下特征。

1. 虚拟性

电子商务物流配送的虚拟性源于网络的虚拟性。借助现代计算机技术，配送活动已由过去的实体空间拓展到了虚拟网络空间，实体作业节点可以以虚拟信息节点的形式表现出来。实体配送活动的各项职能和功能可在计算机上进行仿真模拟，通过虚拟配送，找到实体配送中存在的不合理现象，从而进行组合优化，最终使实体配送过程达到效率最高、费用最少、距离最短、时间最少的目标。

2. 实时性

实时性的特性不仅可以辅助决策，让决策者获得高效的决策信息支持，还可以实现对配送过程的实时管理。配送要素数字化、代码化之后，突破了时空制约，配送业务运营商与客户均可通过共享信息平台获取相应配送信息，从而最大限度地减少各方之间的信息不对称，有效地减少了配送活动过程中运作的不确定性与环节间衔接的不确定性，打破了以往配送途中的"失控"状态，做到了全程"监控配送"。

3. 个性化

个性化配送是电子商务物流配送的重要特性之一。作为"末端运输"的配送服务，所面对的市场需求是多品种、少批量、多批次、短周期的。小规模的频繁配送将导致配送企业的成本增加，这就要求企业必须寻求新的利润增长点，而个性化配送正是这样一个开采不尽的"利润源泉"。电子商务物流配送的个性化体现为"配"的个性化和"送"的个性化。"配"的个性化主要指配送企业在流通节点（配送中心）根据客户的指令对配送对象进行个性化流通加工，从而增加产品的附加价值；"送"的个性化主要是指依据客户要求的配送习惯、喜好的配送方式等为每一位客户制定量体裁衣式的配送方案。

4. 增值性

除传统的分拣、备货、配货、加工、包装、送货等作业以外，电子商务物流配送的功能还向上游延伸到市场调研与预测、采购及订单处理，向下游延伸到物流咨询、物流方案的选择和规划、库存控制决策、物流教育与培训等，从而为客户提供更多增值物流服务。

三、电子商务物流配送中心

1. 电子商务物流配送中心的含义

电子商务物流配送中心是一种全新的物流配送模式和运作结构，其管理水平要求达到科学化和现代化。通过科学的管理制度、现代化的管理方法和手段，电子商务物流配送中心可以充分发挥其基本功能，从而保障相关企业和用户整体效益的实现。

2. 电子商务物流配送中心的特点

电子商务物流配送中心的特点主要体现在以下几个方面：

（1）配送反应速度快。

电子商务物流配送中心对上游、下游物流配送需求的反应速度越来越快，前置时间和配送时间越来越短，物流配送速度越来越快，商品周转次数越来越多。

（2）配送功能集成化。

主要是将物流与供应链的其他环节进行集成，如物流渠道与商流渠道集成、物流功能集成、物流环节与制造环节集成、物流渠道之间集成。

（3）配送服务系列化。

在电子商务时代，物流已不单单是提供仓储和运输服务，还必须开展配货和其他各种服务，以及一些特殊增值服务，如市场调查与预测、物流订单处理、物流配送咨询及制定物流配送方案等。

（4）配送作业规模化。

物流配送作业强调流程和运作的标准化、程式化和规范化，使复杂的作业简单化，从而大规模地提高物流作业的效率和效益。

（5）配送目标系统化。

按照物流系统整体最优的原则，对物流系统内部相互冲突的要素，或者虽然不冲突但需要相互配合的目标进行权衡、选择和协调，最后确保能够实现物流系统整体最优化。

（6）配送手段现代化。

先进的物流技术、物流设备与管理为物流配送奠定了坚实的基础，生产、流通和配送规模越大，物流配送技术、物流设备与管理就越需要现代化。

（7）配送组织网络化。

有完善、健全的物流配送网络体系，物流配送中心、物流节点等网络设施星罗棋布，并运转正常。

（8）配送经营市场化。

物流配送经营采用市场机制，无论是企业自己组织物流配送还是采用社会物流配送，都实行市场化。只有利用市场这只看不见的手指挥物流配送，才能取得好的经济效益和社会效益。

（9）配送流程自动化。

只有将物流配送管理全面自动化，包括客户签收货物的最后一个过程，才能真正发挥供应链管理系统的功效。

（10）配送管理法制化。

宏观上，要有健全的法规、制度和规则；微观上，物流配送企业要依法办事，按章行事。

3. 电子商务物流配送中心的类型

（1）按运营主体的不同，电子商务物流配送中心可分为以下四类：

1）以制造商为主体的配送中心。这种配送中心里的货物全部是制造商自己生产制造的，建立配送中心的目的是降低流通费用、提高服务质量和及时地将预先配齐的成组元器件运送到规定的加工和装配工位，所以这种配送中心主要应实现配送手段的现代化和配送流程的自动化。

2）以批发商为主体的配送中心。即批发商或代理商所成立的配送中心。批发是物品从制造者到消费者之间的传统流通环节之一，一般是按部门或物品类别的不同，把每个制造厂的货物集中起来，然后以单一品种或搭配的形式向消费地的零售商进行配送。这种配送中心的货物来自各个制造商，它所进行的一项重要的活动是对物品进行汇总和再销售。

3）以零售商为主体的配送中心。即由零售商向上整合所成立的配送中心。零售商发展到一定规模后，就可以考虑建立自己的配送中心，如专业物品零售店、超级市场、百货商店、建材商场、粮油食品商店等。

4）专业物流配送中心。专业物流配送中心是以第三方物流企业（包括传统的仓储企业和运输企业）为主体的配送中心。这种配送中心有很强的运输配送能力，地理位置优越，可迅速将货物配送给用户。专业物流配送中心为制造商或供应商提供物流服务，而配送中心的货物仍归制造商或供应商所有。

（2）按采用的物流配送模式不同，电子商务物流配送中心可分为以下三类：

1）集货型配送中心。主要是对上家的采购物流进行创新而形成的，上家生产具有相互关联性，下家互相独立，上家对配送中心的依赖度明显大于下家。适于成品或半成品的配送。

2）散货型配送中心。主要是对下家的供货物流进行优化而形成的，上家对配送中心的依赖度小于下家，而且配送中心的下家相对集中或有利益分享，如连锁企业。上家竞争激烈，下家需求特征为多品种、小批量。适于原材料或半成品的配送。

3）混合型配送中心。综合了集货型配送中心和散货型配送中心的优点，能对商品流通的全过程进行有效控制，克服了传统物流的弊端。混合型配送中心一般规模较大，有一定的设备投资。

▷ 任务实施

对项目案例进行分析，并结合本任务所学知识，思考电子商务物流配送的特点，完成下表。

电子商务物流配送的特点	
特点一	
特点二	
特点三	
特点四	

分析提醒：

电子商务物流配送的虚拟性源于网络的虚拟性。实时性的特性不仅可以辅助决策，让决策者获得高效的决策信息支持，还可以实现对配送过程的实时管理。个性化配送是电子商务物流配送的重要特性之一。除传统的分拣、备货、配货、加工、包装、送货等作业以外，电子商务物流配送的功能还向上游延伸到市场调研与预测、采购及订单处理，向下游延伸到物流咨询、物流方案的选择和规划、库存控制决策、物流教育与培训等，从而为客户提供更多增值物流服务。

▷ 同步训练

罗蒙公司的电子商务物流配送模式

罗蒙公司是一家专门做男装的服装公司，它的物流配送模式可以总结为：

（1）以第三方物流模式为主。罗蒙公司将仓储中心及所有物流环节对外承包给中国邮政，由其入驻公司仓库，全面负责公司的物流配送和仓储管理工作。若有顾客提出特别需求，比如必须发顺丰速运，则特殊情况特殊处理，满足顾客需求改发顺丰速运。

（2）特殊时期采用自营模式配合。罗蒙公司采用自营物流和第三方物流结合的模式主要是针对"双十一"这样的重大促销活动。为防止物流爆仓，罗蒙公司采用O2O战略，线上线下联合，线下款式线上销售，线上订单线下配送。在全国重点城市分销商处建立临时仓库，系统自动根据订单配送地点，采用就近原则分配订单发货。

（3）灵活的其他物流配送方式。这种物流配送方式主要针对天猫之外的第三方平台销售，如京东的货到付款物流方式。罗蒙公司会结合平台的要求，做出相应的调整。

【问题】

电子商务企业该如何选择适合自己的电子商务物流配送模式？

德技并修

5G＋物流 擦出智慧火花

自 2019 年起，中国电信北京公司与京东物流在 5G＋物流领域开展全面合作探索。中国电信集团有限公司互联网行业事业部一部总裁介绍："京东物流是中国领先的技术驱动的供应链解决方案及物流服务商，如何通过 5G 技术助其更上一层楼，双方从最初的探讨、实验室模拟，到现实生产验证，经历了两年的时间。"2021 年 10 月，双方联合发布了全球首个 5G 全连接智能仓。如今，中国电信北京公司在京东物流北京"亚洲一号"智能物流园区完成了包括 AGV、穿梭车、AI 安防、AR 眼镜在内的四大场景 5G 定制网规模部署。

京东物流在中国电信北京公司定制化开发的 5G 定制网模式基础上，设计了一套云网边端的系统架构，用于实现物流系统的重构和加固。这样一来，对于多仓和跨仓的数据存储及策略调度等都可实现云化，相当于一个"大脑"连接多个仓库，大大加速了京东物流新仓建设和集约化运营。

得益于 5G 定制网的规模部署，京东物流网络异常事件减少了超过 90%，异常中断时间有效减少，运维成本下降超过 50%，人效可稳定提升两倍以上。随着 5G 场景的进一步推广和 5G 成本的进一步下降，仓储成本可降低超过 30%。

思政点拨：

党的二十大报告指出，我们要坚持自信自立、坚持守正创新。中国电商物流技术的创新发展，让我们更加坚定了走自强之路的决心，也激发了我们的民族自豪感。

考证园地

一、名词解释

1. 物流

2. 电子商务物流

3. 物流一体化

二、填空题

1. 电子商务物流的特点包括_____、_____、_____、_____和_____。（"电子商务师"考证真题）

2. 物流一体化分为三层，包括_____、_____和_____。（"网店运营推广"考证真题）

三、案例分析

某公司电子商务物流模式的选择及构建

一、企业背景

某公司创立于 1984 年，其理念非常简单：按照客户要求制造计算机，并向客户直接发货。某公司设计、开发、生产、营销、维修和支持一系列从笔记本电脑到工作站的个人计算机系统，每一个系统都是根据客户的要求量身定制的。这种革命性的举措使其成为全球领先的计算机系统直销商，跻身业内主要制造商之列。

二、某公司电子商务物流模式简介

最终消费者直接通过公司网站订货，公司按照消费者的需求，个性化量身定制产品及服务，并通过第三方物流直接送货上门，这就是某公司采用的电子商务物流模式。通过该模式，该公司将供应商和最终消费者整合成一条优化的供应链，通过互联网媒介以及第三方物流的介入，大大提高了产品的竞争力。

（一）大型的、专业化的第三方物流

一个覆盖面广、反应迅速、成本有效的物流系统是该公司直销模式成功的重要支柱。该公司的物流完全外包给第三方物流公司，主要由敦豪（DHL）、伯灵顿（BAX）、联邦快递（FedEx）等跨国性物流企业承担。这些第三方物流公司具有健全的网络、专业化的运营和现代化的管理。通过采用第三方物流的门到门服务，该公司大大降低了物流成本，提高了物流效率，改善了客户服务水平。

（二）与供应商结成战略联盟

该公司将供应商视作公司体系中的一环，以维系紧密的供应关系。该公司采取严格的资格评审，要求供应商在效率上保持先进，在产品质量管理上采取量化评估方式，从而确保供应商生产的零部件可以直接进入公司的生产线而无须进行来料抽样检验。通过互联网，该公司与供应商之间建立了紧密的虚拟整合关系，从而保证能够按照该公司本身的标准衡量零部件的品质，迅速有效地管理订货流通和紧急补充所需的存货。同时，该公司也将最新需求信息和预测信息等实时地传递给供应商，在供应链上共享计划和资源，帮助它们权衡市场，把库存量降到最低，带动供应商共同发展直销模式，实现公司与供应商双赢的合作关系。

三、某公司电子商务物流模式的构建原因及过程

该公司凭借其直销模式，迅速成长为世界顶级的计算机跨国集团。1996年，该公司在其网站上嵌入了电子商务功能，从而使其直销模式从传统商务向电子商务进军，进一步提高了该公司的服务水平，增强了竞争能力。

该公司的物流从确认订货开始，确认订货以收到货款为标志，在收到货款之后需要两天时间进行生产准备、生产、测试、包装、发运准备等。该公司将物流系统运作委托给第三方物流公司，并承诺在款到后2～5天送货上门，某些偏远地区的用户每台计算机要加收200～500元的运费。该公司通过供应链的管理与重组，有效地减少了库存、缩短了生产周期，大大地提高了竞争力。一方面，该公司通过电话、网络以及面对面的接触，和顾客建立了良好的沟通和服务支持渠道；另一方面，该公司也通过网络，利用电子数据交换连接，使得上游的零件供应商能够及时准确地知道公司所需零件的数量、时间，从而大大减少了存货，这样，该公司也和供应商建立了一个"虚拟"的企业。

四、某公司电子商务物流模式的构建经验

该公司的销售全是通过互联网和企业内部网进行的。电子商务物流使其可以先拿到用户的预付款，待货运到后物流公司再结算运费，运费由用户自己支付。该公司既占据了用户的流动资金，又占据着物流公司的流动资金，按单生产也没有库存风险。这些因素使

其年均利润率超过 50%。当然，无论什么销售方式，首先都必须对用户有好处。该公司的电子商务型直销方式对用户的价值包括：用户的需求不管多么个性化都可以得到满足；该公司精简的生产、销售、物流过程可以省去一些中间成本，因此该公司的计算机的价格较低；用户可以享受到完善的售后服务。某公司通过直销模式，以需定产，倒着做供应链，可以使用户根据自己的情况选择所需要的产品；采取电子商务销售模式，大大缩短了作业时间，也简化了信息在公司内部传递的流程。某公司开创了电子商务物流的先河。

问题：

1. 该公司电子商务物流运作的流程是什么样的？
2. 该公司电子商务物流模式有哪些优势？存在哪些问题？
3. 电子商务环境下，企业应如何为用户提供良好的物流服务？（可举例说明）

项目八

移动电子商务

▶ 情境导入 ▶▶

通过前面七个项目的学习，王新已经对电子商务的基本知识有了了解，随着移动网络的普及，以及电子商务相关技术和设施的逐步成熟，移动电子商务越来越受到人们青睐。移动电子商务（M-Commerce）是由电子商务（E-Business）的概念衍生出来的。电子商务以 PC 机为主要界面，是"有线的电子商务"；而移动电子商务，则是借助手机、掌上电脑这些可以装在口袋里的终端，无论何时、何地都可以开展。

王新对移动电子商务也产生了浓厚的兴趣，为了提高学生对移动电商的了解，老师根据国家职业技能标准"网店运营师""互联网营销师""电子商务师"中的要求，给王新布置了一个学习移动电子商务的任务。

学习目标 ▶▶

● 知识目标

1. 理解移动电子商务的概念。

2. 掌握移动电子商务应用的分类。

3. 了解移动电子商务的行业应用。

● 技能目标

1. 具备区分传统电子商务与移动电子商务的能力。

2. 具备在现实生活中应用移动电子商务的能力。

● 素养目标

1. 提高对电子商务新形式、新业态的认识，提高接受新事物的能力。

2. 在学习过程中通过小组合作的形式，培养团队协作的精神。

3. 提高职业担当，通过移动电商实习增强助农兴商的社会责任感。

项目案例 ▶▶

2018 年开始，中国直播电商行业成为风口，2019 年多个知名主播的强大流量和变现能力进一步催化直播电商迅速发展。2020 年新冠疫情的发生催生了"宅经济"的进一步火热，激发了直播电商行业的活力，市场规模相较于 2019 年增长 121%，达 9 610 亿元。2021 年我国直播电商市场规模达到 12 012 亿元，2022 年我国直播电商市场规模进一步上升至 15 000 亿元。随着 5G 的加速普及和成熟，越来越多的商家和消费者参与到直播电商中，技术的发展将演变出更多的形式，如虚拟主播、AR 场景直播等。

2021 年 1—10 月，全国网上零售额为 10 万亿元，同比增长 17.4%。其中，实物商品网上零售额为 84 979 亿元，同比增长 14.6%，占社会消费品零售总额的比重为 23.7%。中国网上零售额持续增长表明中国电商行业发展良好的态势。作为电商行业创新的商业模式——直播电商，也将会受益于体量庞大的电商市场。

▶ 任务一　学习移动电子商务基本知识

📹 任务导入

老师给王新布置了一个任务，对项目案例进行分析，并结合本任务所学知识，思考直播电商是否为移动电商的一部分。

◎ 知识探究

随着抖音、快手等自媒体平台的快速兴起，直播行业也迎来了发展的春天，能够让网商集体转战到新的无线业务上，智能手机的普及功不可没，移动电子商务迎来爆发期。

一、移动电子商务的定义

移动电子商务就是利用手机、掌上电脑等无线终端进行的 B2B、B2C 或 C2C 电子商务活动。它将互联网、移动通信技术、短距离通信技术及其他信息处理技术完美结合，使人们可以在任何时间、任何地点进行各种商贸活动，实现随时随地、线上线下的购物与交易、在线电子支付以及各种交易活动、商务活动、金融活动和相关的综合服务活动等。

二、移动电子商务的系统发展

随着移动通信技术和计算机的发展，移动电子商务的发展已经经历了三代。

1. 第一代移动电子商务
第一代移动电子商务系统是以短信为基础的访问技术，这种技术存在着许多严重的缺陷，其中最严重的问题是实时性较差，查询请求不会立即得到回答。此外，短信长度的限制也使得一些查询无法得到一个完整的答案。这些令用户无法忍受的问题导致一些早期使用基于短信的移动电子商务系统的部门纷纷要求对系统进行升级和改造。

2. 第二代移动电子商务

第二代移动电子商务系统采用基于 WAP 技术的方式，手机主要通过浏览器来访问 WAP 网页，以实现信息的查询，部分解决了第一代移动访问技术的问题。第二代移动访问技术的缺陷主要表现在 WAP 网页的交互能力极差，因此极大地限制了移动电子商务系统的灵活性和方便性。此外，WAP 网页访问的安全问题对于安全性要求极为严格的政务系统来说也是一个障碍。这些问题也使得第二代移动访问技术难以满足用户的要求。

3. 第三代移动电子商务

第三代移动电子商务系统采用了基于 SOA 架构的 Web Service、智能移动终端和移动 VPN 技术相结合的第三代移动访问和处理技术，使得系统的安全性和交互能力有了极大的提高。第三代移动电子商务系统以专网和无线通信技术为依托，为电子商务人员提供了一种安全、快速的现代化移动商务办公机制。

随着时代的发展与技术的进步，人们对移动性和信息的需求急速上升，移动互联网已经渗透到人们生活、工作的各个领域，移动电子商务成为各个产业链竞相争抢的"大蛋糕"，其因可以为用户随时随地提供所需的服务、应用、信息和娱乐而深受用户的欢迎。

三、移动电子商务的优势

移动电子商务是移动信息服务和电子商务融合的产物，与传统电子商务相比，移动电子商务具有以下优势：

（1）随时随地和个性化。

（2）用户规模大。从计算机和移动电话的普及程度来看，移动电话远远超过了计算机。

（3）有较好的身份认证基础。对于传统电子商务而言，用户的身份认证成为最大的问题，而移动电子商务使用的手机号码具有唯一性。

由于传统电子商务与移动电子商务具有不同的特征，移动电子商务不可能完全替代传统电子商务，两者是相互补充、相辅相成的。移动通信所具有的灵活、便捷的特点，决定了移动电子商务应当定位于大众化的个人消费领域，应当提供大众化的商务应用，因此 B2C 可能成为移动电子商务发展的主要模式。

四、移动电子商务应用的分类

据调查，人们使用最多的手机基础功能为音乐播放、通信、拍照，所以围绕这三个基础功能开发出来的应用特别多。电子商务和移动设备的拍照功能联系紧密。此外，移动设备的地理位置服务，也使电子商务成为试水移动应用的先锋。

目前较为常见的移动电子商务软件主要有六大类：网购类、二手交易类、移动支付类、购物分享类、团购类和比价、折扣、查询类等。

1. 网购类

数据显示，人们网购最多的三大类商品分别是服饰/箱包/鞋、IT 数码/家电、图书/

音像。淘宝客户端"随便逛逛"功能里的推荐就是根据这个规律设计的，而且对大众生活影响比较大的 B2C 网站主要是卖这三类商品起家的。

2. 二手交易类

网上的二手交易行业伴随着本地化信息服务产生，后来越来越多的客户端将其作为一种盈利方式而开发出二手交易的功能。

二手交易做得较好的应用有百姓网推出的"拍了卖"。该应用没有把同城各分类信息加载到客户端上，而是设置了两个功能，用户根据距离来选择要买的二手商品和发布自己要卖的二手商品。

国外做得比较好的移动平台是扎力（Zaarly），它能支持用户和附近的人进行交易。

因为移动端设备可以分享地理位置，并且有良好的拍照功能，所以线上发信息、线下交易的模式变得更加方便快捷。

3. 移动支付类

移动支付是移动购物和消费的辅助手段，目前常用的此类应用是支付宝。在移动支付领域，各种传感器都被充分地利用作为支付的交互方式，硅谷创业公司 Naratte 推出超声波移动支付服务，TabbedOut 公司则采用蓝牙技术方案，其他诸如拍照、指纹、输入等方式也非常多见。目前，在主流智能机上，蓝牙、GPS、摄像头、电子罗盘、3D 加速、气压测高、NFC 等传感器已经逐渐成为标准配置。

4. 购物分享类

有 80％的人愿意对购买的商品做出评价，但是人们最愿意分享的时刻集中在收到商品后打开箱子的这一刻。而手机即时分享的特性，更好地满足了人们的这一需求。

现在的购物分享主要还是垂直类社区和网购结合的购物分享。比如美丽说和蘑菇街，都和女性购物有关，运营的内容多为服饰、护肤品。国内还有很多从手机端开始发力的购物分享应用，比如格子箱，主要是帮助人们快速地发现朋友们正在使用的商品，进行交流和分享。

5. 团购类

团购类电子商务软件一般都预设了周边团购功能，通过定位，可以用地图显示用户周边的团购。

团购移动化的目的是提供更好的售后服务，所以地图功能、点评功能都可以应用于团购类软件中。

6. 比价、折扣、查询类

这些软件是为了刺激购物欲或者为大家省钱、省时间而提供的。

线上商城的商品比价相对来说信息更易于获取，更新也方便。目前线下货品比价在中国市场上仅限于比较大的超市之间某些常规商品的比价。适合中国消费者使用的比价软件有 Quick 拍、我查查等，大多为免费下载。

折扣类的信息比价格更易变、更难获取，所以现在大多折扣信息都是由大众点评这样的具有线下大量商圈数据信息的公司发布出来的。

查询类主要指快递查询类软件。一般 B2C 网站都提供快递查询服务，所以专门的快

递查询软件需求不大。

任务实施

对项目案例进行分析，并结合本任务所学知识，思考直播电商是否为移动电商的一部分。我们一起回顾案例并进行分析，完成下表。

直播电商所具备的移动电子商务的特点	
特点一	
特点二	
特点三	
结论：直播电商是移动电商的一部分吗？	是（　　）否（　　）

分析提醒：

1. 移动电子商务就是利用手机、掌上电脑等无线终端进行的电子商务活动。它使人们可以在任何时间、任何地点进行各种商贸活动，实现随时随地、线上线下的购物与交易、在线电子支付以及各种交易活动、商务活动、金融活动和相关的综合服务活动等。可结合移动电子商务的定义来进行直播电商的分析，从它是否依托于移动无线终端进行，是否实现了在线交易来进行判断。

2. 常见的移动电子商务软件主要有六大类：网购类、二手交易类、移动支付类、购物分享类、团购类和比价、折扣、查询类，可参照分类分析现在主流的直播平台分别属于哪些类别，最后进行判断，直播电商是否属于移动电商的一部分。

同步训练

中国建成最大的 5G 移动网络，信息时代助力电商发展

2021 年 4 月，我国初步建成全球最大规模的 5G 移动网络，5G 手机终端连接数达 2.6 亿。

近日，工信部有关负责人介绍了网络提速降费政策有关情况，指出我国的网络能力显著提升，用户速率大幅跃升。目前，我国建成了全球规模最大的信息通信网络，并初步建成全球最大规模的 5G 移动网络。2021 年，工信部推动工作重心从网络"覆盖普及"向"提速提质"转变，从"普惠降费"向"精准降费"转变。

根据国际测速机构数据，我国固定宽带速率在全球 176 个国家和地区中排名第 18 位，移动网络速率在全球 139 个国家和地区中排名第 4 位。

高速发展的信息建设助力电商行业迅速发展。据国家统计局的数据，2020 年我国社会消费品零售总额为 39.20 万亿元，比上年下降 3.9%。与之形成鲜明对比的是，网络零售高歌猛进。2020 年全国网上零售额为 11.76 万亿元，比上年增长 10.9%，如图 8-1 所示。其中，实物商品网上零售额为 9.76 万亿元，同比增长 14.8%，占社会消费品零售总额比重为 24.9%，较上年大幅提升 4.2 个百分点，逼近四分之一。

图 8-1　2018—2020 年网络零售额增长情况

【问题】

5G 移动网络的快速发展会对移动电子商务行业产生哪些影响？

▶ 任务二　学习移动电子商务的行业应用

任务导入

通过上一个任务的学习，王新对项目案例中提到的直播电商已经有所了解，也学习了移动电子商务的相关知识，他提出了一个疑问，移动电商带来如此多的便捷，那它主要应用于哪些行业呢？为了解决这个问题，老师给王新布置了一个新的任务，通过信息搜索分析移动电子商务的应用行业。

知识探究

行业应用可以激发移动电子商务最大的潜在能量。移动电子商务服务和设备供应商只有充分挖掘特定行业对于移动信息处理和移动计算的潜在需求，并将这些需求体现在自己的服务和设备上，才能最大限度地发挥移动电子商务的增值功能，从而使移动电子商务产业链条向更深的领域延伸。

近年来，人们对移动电子商务需求的提出是基于传统的业务和应用的，移动电子商务利用先进的信息技术，改变了我们现有的生活方式，对传统应用进行了扩展与延伸。移动电子商务的应用范围无处不在，包罗万象，如移动办公、移动银行、移动娱乐、物流、无线医疗等，下面介绍几个主要的应用领域。

一、移动办公

移动办公又称为无线办公，即无论何时何地，用户都可以利用手机、掌上电脑等移动终端设备通过多种方式与企业的办公系统进行连接，从而将企业内部局域网扩大成为一个安全的广域网，实现移动办公。

目前移动办公的主要实现方式有：

（1）通过短信实现公文、邮件提醒服务。当企业办公系统内的个人公文、电子邮件到达时，会通过短信直接将标题信息或内容提要发送到个人手机上，进行及时提醒。

（2）通过 WAP 服务详细浏览公文、邮件内容。企业员工可以使用手机通过 WAP 界面访问企业办公自动化（OA）系统，进行公文、邮件等详细信息的浏览。

（3）通过无线局域网实现在企业内部的移动办公。员工无须固定在自己的座位上，可以在全公司范围内随时随地用移动设备访问公司网络，浏览公文和邮件。

移动电子商务从以个人计算机为中心向以客户为中心的移动模式转变，将增强企业与客户、企业与员工以及企业与供应商之间的实时交互。

二、移动银行

移动银行是指以手机、掌上电脑等移动终端作为银行业务平台的客户端来完成某些银行业务的应用。移动银行是典型的移动商务应用，它的开通大大加强了移动通信公司及银行的竞争实力。

从应用角度来看，移动银行的优势主要体现在以下几个方面：

（1）功能便利。

（2）使用区域广泛。

（3）安全性好。

（4）收费低廉。

（5）可以进行二次交易。

三、零售行业

受到移动设备的高使用率、移动网络连接的提升和移动支付热潮的驱动，中国移动电商的产业规模不断扩大。在中国，移动端已成为人们购买商品和服务的重要平台。

素养提升

直播为实体经济持续赋能

近几年，由于电子商务的发展，传统的线下商业面临着一定挑战。线上线下融合营销的模式获得众多企业青睐。许多实体企业纷纷布局线上电商，通过线上直播和社群营销带动产品销售。在此过程中，专业直播运营团队介入，意义重大。同时，在数字经济推动下，直播与各行业关系发生转变，"＋直播"趋势明显，各行业也在积极通过直播谋求"新生"。

5G 时代来临，直播经济得到网速提升、智能终端升级、增强现实（AR）、人工智能

（AI）等技术的加持，从而大幅提升用户体验、交易效率以及自身边界。直播经济的内涵将会不断放大，不仅包括具有交易性质的业务，同时涵盖任何能产生衍生价值的业务形式。专家表示，直播行业展现了其独特的社会价值和较强的传播能力，充分利用新技术、新模式和新业态，在促进消费持续恢复、缓解经济下行压力、带动稳定就业、助力乡村振兴等方面做出了积极贡献。

直播行业正在由增量时代向存量时代发展，但直播经济理念已逐渐深入人心，行业风口并未消失，而是来到了精细化发展的下半场。"＋直播"正在为行业打开更广阔的发展空间。专家表示，直播企业可以积极创新直播形式，平台也在不断探索线下消费场景，实现直播内容与用户需求的高效匹配，提升消费体验。同时，直播电商的货品供给也迎来品质化的升级，新兴品牌借直播快速增长，推动品质消费提升。通过直播间、直播节与商场商圈的结合，助力传统商业的数字化转型，为实体经济赋予新动能。

四、无线医疗行业

在紧急情况下，救护车作为治疗场所，借助无线技术，可以在移动的情况下同医疗中心和病人家属实现快速、动态、实时的数据交换。目前，已经有很多通过网络就诊的案例。在无线医疗的商业模式中，病人、医生、保险公司都可以获益，也会愿意为这项服务付费。由于医疗市场的空间巨大，提供这种服务的公司将为社会创造价值。

五、物流领域

美国国家运输交易场是一个电子化的运输市场，它利用互联网技术，为货主、第三方物流公司、运输商提供一个可委托交易的网络。该市场的定位是为专业物流企业提供供应链管理的电子物流系统，它的特点是利用电子化的手段，尤其是利用互联网技术来完成物流全过程的协调、控制和管理，实现从网络前端到最终客户端的所有中间过程的服务。它能够实现系统之间、企业之间以及资金流、物流、信息流之间的无缝链接，而且这种链接还具备预见功能，可以在上下游企业间提供一种透明的可见性功能，帮助企业最大限度地控制和管理库存。同时，由于全面应用了客户关系管理、商业智能、计算机电话集成、地理信息系统、全球定位系统、无线互联技术等先进的信息技术手段，以及配送优化调度、动态监控、智能交通、仓储优化配置等物流管理技术和物流模式，电子物流提供了一套先进的、集成化的物流管理系统，从而为企业建立敏捷的供应链系统提供了强大的技术支持。

六、移动资产管理和诊断

无线电子商务技术与 GPS 技术的结合，可以使人们远程定位、监控资产以及对资产进行及时诊断，节省了时间，减少了因为各种人为因素而产生的错误。这就好比在一个繁忙的码头或者建筑工地，给每台设备装上一个小小的发射器，所有的操作将会全部在你的监控之下，也可以实现防盗。以美国为例，汽车盗窃是最大的财产犯罪，每年损失达到 70 亿美元左右。现在美国已经出现了专门提供汽车定位服务的公司。另外，维护和检修一些固定的机器是一项非常费时费力的工作，如自动售货机的检修，如果能够对这些机器进行远程监控，就可以大大减少日常的维护工作。

七、移动娱乐

移动娱乐业务种类繁多，如移动游戏、移动视频、移动音乐等。移动娱乐有机会成为移动产业最大的收入来源，同时也是鼓励移动用户消耗剩余预付费通话时间的最佳手段。移动娱乐业务前景广阔，它是运营商可提供的一项有特色的移动增值业务，也是防止客户流失的有力武器之一。以移动游戏为代表的移动娱乐业务能够为运营商、服务提供商和内容提供商带来附加业务收入。

任务实施

结合本任务所学知识，分析移动电子商务的应用行业有哪些，并完成下表。

序号	应用行业	所在平台
1		
2		
3		
4		

分析提醒：

1. 移动电子商务利用先进的信息技术，改变了我们现有的生活方式，对传统应用进行了扩展与延伸。移动电子商务的应用范围无处不在，如移动办公、移动银行、移动娱乐、物流、无线医疗等。

2. 直播电商作为移动电子商务的一种形式，它的兴起引领了传统行业转型升级，不管是传统的制造业还是农业产品，都纷纷走上直播带货的平台。在整理数据分析时，可以着重考察直播形式给各行业带来的变化。

同步训练

随着珠宝电商日渐被消费者接受，很多珠宝品牌纷纷"触电"，但与其他零售业不同，珠宝行业具有独特性。众所周知，珠宝零售属于奢侈性行业，对企业品牌要求高，对于消费者而言属于重大决策，因此到店体验依然十分重要。

现在珠宝商试水电商的主要方式无外乎第三方电商平台和官方 B2C 模式。第三方电商平台模式也就是借助天猫、京东等第三方平台，充分利用平台的流量以及信任度带来自身业绩及知名度的提升。但这种第三方电商平台并不是专业的珠宝销售平台，平台内的产品良莠不齐，在一定程度上会给珠宝品牌带来负面效应。官方 B2C 模式由于其自身的局限性，加上网站维护和运行成本很高，难以吸引大量消费者聚集，也让很多珠宝商难以涉足。珠宝产业需要专业的移动端珠宝销售平台，使珠宝销售自成体系。随着电商直播的兴起，珠宝直播也迎来了新的发展，许多知名品牌纷纷布局直播电商业务。

【问题】

珠宝行业开展移动电商业务，通过直播带货的形式，实现了销量的成倍增长以及知名度的快速提高，但是也带来了许多负面的影响，请搜索信息并分析造成的不良影响主要有哪些，思考如何才能让珠宝直播健康成长。

▶ 任务三　移动电子商务的新行业应用

任务导入

移动电子商务发展至今，应用范围已非常广泛，老师向王新提出了一个问题：移动电商在新行业的应用有哪些呢？为此，老师给王新提出了六个方向：教育、旅游、医疗、人工智能、大数据及云计算。老师希望王新通过本任务的学习，能够了解移动电商在这六个方向的应用中起到了哪些作用。

知识探究

移动电子商务服务和设备供应商只有充分挖掘特定行业对于移动信息处理和移动计算的潜在需求，并将这些需求体现在自己的服务和设备上，才能最大限度地发挥移动电子商务的增值功能，从而使移动电子商务产业链条向更深的领域延伸。近年来，人们对移动商务需求的提出是基于传统的业务和应用的，移动电子商务利用先进的信息技术，改变我们现有的生活方式，将传统应用进行扩展与延伸至传统应用无法实现的领域。

一、移动电商的新行业应用——教育

移动电子商务教育行业的特点和功能：

（1）实现教育资源共享。传统教育模式是一种以面对面教学为根本的教育方式，主要是在线下授课实现的，教师是这种教育方式的核心。教师需要在整个教学过程中对目标进行分析，帮助学生选择内容去学习，真正做到因材施教。因此，教师个人的知识水平及其教学准备、教学技能技巧是没有统一标准的，要想规范，难度也十分大，因此这种传统教育模式不适于因材施教。尤其在一些普通院校，由于各方面条件的限制，使得广大学生对新知识的汲取遇到困难，导致这些学生与重点院校的学生之间的差距越来越大，

不利于教育的全面普及与发展。电子商务的应用使得远程教育在教育资源方面有了重大突破。用户可以在各大教育培训平台获得名校名师优质课程，以中国大学 MOOC 网站为例，普通高校的学生也可以在该网站上报名参加各大名校开设的网上课程，学生不仅能享受同等的教学资源，还能参与和名师的互动。

（2）教育资源更新快，大众认可度高。电子教育有助于加快知识更新。众所周知，书本化的知识一般要比现有的最新知识落后，往往我们从书本中学到的知识在社会实际中已经落后或被淘汰，在某种意义上，意味着资源的浪费，而计算机网络的电子课程更新可以完美解决这个问题。

（3）不受时间和地区限制，打破传统局限。传统教育的主要方式是线下面对面教学，但我国教育资源仍比较短缺，而网络教育的出现则解决了这一难题。网络教育打破时间、地域、教学方式的限制，极大满足不同行业、不同层次的需求。2020 年初，全球暴发了新冠疫情，导致上半年的线下教学受到了限制，许多高校纷纷组织学生采用线上上课的方式完成学业，很大程度上解决了上学难的问题。

二、移动电商的新行业应用——旅游

1. 移动电子商务在旅游业的优势

（1）便利性。

相比传统的旅游预订方式，移动电子商务具有更高的便利性。游客可以通过手机或平板电脑轻松地进行旅游产品的搜索、比价及购买操作，省去了到旅游公司或旅行社的烦琐过程，而且可以随时随地进行操作，大大提高了预订的效率。

（2）个性化服务。

移动电子商务可以根据游客的需求和喜好，提供个性化的推荐和服务。比如，通过游客的历史检索和购买记录，系统可以自动推荐适合游客的旅游产品；同时，还可以通过游客的地理位置信息和交通方式，为游客提供更为细致的旅游路线和计划。

（3）实时互动。

移动电子商务还具有实时性和互动性。游客在旅行过程中可以通过手机进行实时互动，与旅游公司或旅行社保持沟通，及时获得帮助和解决问题。同时，旅游公司也可以通过手机推送消息，向游客提供即时的旅游信息和服务。

（4）降低成本。

通过移动电子商务，旅游公司可以降低成本，提高效率。这主要体现在两方面：一是可以减少人工成本和实体店租赁成本，从而提高经营效益；二是可以通过自动化和信息化的方式，减少中间环节，降低物流和分销成本。

（5）推广效果。

移动电子商务可以通过各种方式，提高旅游产品推广的效果。比如，可以通过社交媒体推送信息和线上广告，将旅游产品推送给更多人，促进销售。同时，在旅游产品的多样性和个性化方面，也可以吸引更多的游客，提高旅游产业的影响力。

2. 移动电子商务在旅游业的发展趋势

（1）移动支付的普及。

移动支付是移动电子商务的关键之一，也是未来发展趋势之一。现在，支付宝、微信支付等移动支付方式已经成为消费者首选，这为旅游业的发展提供了更大的便利和机遇。未来，移动支付将会越来越普及，成为旅游消费的主流支付方式。

（2）数据分析和个性化服务的需求。

随着人工智能和大数据技术的不断提升，个性化服务将越来越受到游客的青睐。而且，旅游公司也可以通过对游客的数据进行分析，更好地把握游客需求，向其提供更为个性化的旅游产品和服务，从而提高销售和满意度。

（3）体验式旅游的兴起。

体验式旅游已经成为旅游行业的新趋势。移动电子商务可以通过 AR/VR 技术，更好地呈现旅游产品和景点，提高游客的体验感和参与感。另外，通过移动电子商务，旅游公司可以根据游客的需求提供更多的游戏、活动和体验项目，为游客提供更加丰富和多样的旅游产品和服务。

（4）社交媒体的应用。

社交媒体可以增强旅游产品的推广效果和口碑效应。旅游公司可以通过社交媒体平台，建立良好的品牌形象和用户关系，提升用户忠诚度和评价。同时，也可以利用社交媒体的互动性和实时性，吸引更多的游客参与线上活动和旅游项目。

三、移动电商的新行业应用——医疗

新冠疫情期间，医院资源紧张、感染风险高，移动电商在医疗领域的应用跨越了时间和距离的阻隔，不仅在疫情防治中发挥重要作用，也让患者在第一时间得到医疗帮助。

另外，在我国老龄化愈发严重的今天，老年人在家突发疾病时，医疗业需要尽早掌握病人的情况。借助无线技术，救护车作为治疗场所，在移动的情况下可以同医疗中心和病人家属建立快速、动态、实时的数据交换。目前，移动电商医疗已在我国的农村和城市逐渐得到广泛的应用，并且在内科、脑外科、精神病科、眼科、放射科，以及其他医学专科领域的治疗中发挥了积极作用。

移动电商医疗所采用的通信技术手段可能不尽相同，但包括共同的因素，如病人、医护人员、专家及不同形式的医学信息信号。远程医疗具有强大的生命力，也是经济和社会发展的需要。随着信息技术的发展、高新技术（如远程医疗指导手术等）的应用，以及各项法律法规的逐步完善，移动电商医疗事业必会获得前所未有的发展契机。

四、移动电商的新行业应用——人工智能

1. 智能推荐

基于用户历史数据、兴趣和喜好等信息，通过机器学习、自然语言处理等技术，为

用户精准推荐商品和服务，提高用户购物体验和商家销售转化率。

2. 智能搜索

采用语音识别、图像搜索等技术，提供更加直观、快捷、准确的商品搜索体验。

3. 智能客服

机器人客服系统能够根据用户需求及时给出答案和建议，减轻客服工作压力，提高客户满意度。

4. 智能营销

结合用户行为数据、社交媒体数据等信息，使用个性化推荐、活动促销等手段，实现精准营销。

5. 智能安全

通过人脸识别、指纹识别、声纹识别等技术，保障用户的账号和交易安全，防止欺诈和诈骗行为。

6. 智能运营

通过数据分析、预测分析等手段，实现销售预测、库存管理等智能化运营，帮助商家更好地管理和运营电子商务业务。

五、移动电商的新行业应用——大数据

1. 实现了资源的高效管理和整合

通过将大数据技术应用在移动电子商务中，能够有效整合跨区域和跨单位以及跨平台等方面的资源，建立非常快速与高效的客户服务体系，并且通过采用数据挖掘技术，可以分析非常大体量的数据，在识别用户需求以及仓储与配送等方面更加智能化，进而有效地对物流资源进行管理，尽可能地缩短服务周期，以不断提升用户对平台的满意度。

2. 丰富了电子商务用户的体验

平台通过应用大数据技术，可以不断丰富用户的体验。现阶段，很多新兴平台层出不穷，相关企业之间的竞争也愈发激烈。其竞争的重点不仅体现在硬件建设方面，也体现在对用户体验的重视程度上。在移动电子商务领域，用户的参与度越来越高，如何提升其体验，是必须要解决好的难题。通过使用大数据技术，能够非常有效直接地优化用户体验。因为，该技术的运用能够为用户提供更精准的服务，并且也能对其行为模式以及消费习惯进行分析，平台可以根据分析的结果来丰富用户体验。对于用户来说，也可以结合个人的偏好，选择性地使用 App，进行商品的选购，同时获得较好的购物体验。

3. 在解决建设信用体系难题方面的应用

对于移动电子商务来说，建设信用体系所面临的最大问题就是采集信用信息的难度非常大，并且辨别与评价和跟踪起来非常困难，但是这些方面的问题都可以通过应用大数据技术进行解决。通过应用这种技术，能够实现全方位跟踪个人和企业的行为等。与此同时，通过这一技术也能实现对物联网存在状态的跟踪，进而做到对风险进行有效的

控制与预防。

六、移动电商的新行业应用——云计算

云计算大大降低了移动电子商务企业的运营成本，让企业可以更专心地从事市场营销工作。企业在进行系统维护和建立移动电子商务系统方面，可以将这些工作交给云计算服务商进行处理，不需要进行大量的资金和精力投入。

1. 提高了移动电子商务的信息安全性

移动电子商务企业是一种不同于传统商务交易模式的线上商业模式，移动电子商务交易的前提是保证数据信息的安全性。云计算环境下的移动电子商务模式，解决了电子商务安全性的问题，高度集中的信息数据使得管理更加便捷，专业的管理手段和技术团队对保证企业数据信息的安全性有着重要的意义。

2. 提高了移动电子商务的信息处理能力

信息处理能力是移动电子商务发展的前提，随着网络购物的日常化，移动电子商务企业需要处理的信息也逐渐增加。传统的电子商务模式已经严重制约了企业的发展速度，硬件设施和资源都不能进行大量的数据处理，但是云计算解决了数据处理的难题。云计算通过服务器系统对数据分层处理，最终再将结果反馈给用户。云计算具有强大的计算和储存能力，能充分保证移动电子商务企业的计算能力，这样的信息处理能力将资源的整合优势发挥到了极致。对于移动电子商务企业来讲，云计算的处理能力不再是电子商务企业快速发展的障碍，而是促进移动电子商务持续发展的推手。

3. 降低了企业移动电子商务的运营成本

移动电子商务的资金投入主要是硬件设施和人力资源方面的投入。移动电子商务企业的核心要素就是信息服务，主要任务是保证服务器的质量。在其发展的过程中，企业会不断地发展客户资源，将资金投入到开发新客户和维护旧客户方面，企业面临的主要问题就是这些大量的数据处理都需要人力资源来处理。从大数据提出和广泛应用时，移动电子商务就开始了高速发展。在移动电子商务模式中应用云计算技术，有效地降低了企业的运营成本，减少了企业在维护信息数据和硬件设施的资金投入，有效地促进了企业的发展。

4. 商业交易变得更便捷

随着社会经济的发展，信息模式也在不断地更新，人们在日常生活中的商务活动变得越来越便捷，消费者可以随时进行商务交易，云计算为移动电子商务的信息共享与业务协作提供了便利，方便了人们的商务交易。移动电子商务企业的主要内容就是信息共享和业务协作，云计算可以为企业提供资源信息共享、业务扩展协作等服务，云计算资源完全实现了移动电子商务企业与消费者、合作者、企业内部的信息共享与业务扩展。

任务实施

通过本任务的学习，思考移动电商在新行业应用中起到哪些作用，填写下表。

移动电商的新行业应用	作用
教育	
旅游	
医疗	
人工智能	
大数据	
云计算	

分析提醒：

移动电子商务利用先进的信息技术，改变了我们的生活方式，结合日常生活中的切身感受说说移动电商在新行业应用中发挥的作用。

同步训练

移动电子商务，就是利用手机、掌上电脑等无线终端进行的 B2B、B2C、C2C 或 O2O 的电子商务活动。它将互联网、移动通信技术、短距离通信技术及其他信息处理技术完美结合在一起，使人们可以在任何时间、地点进行各种商务活动，实现随时随地、线上线下的购物与交易，完成在线电子支付以及其他交易活动。

【问题】

1. 上网查找一些网站，搜索移动电商新行业应用中除教育、旅游、医疗、人工智能、大数据及云计算这六大领域之外，还涉及哪些方面？

2. 移动电商的新行业应用能为人们提供哪些机遇与挑战？

德技并修

"助农"直播跑出乡村振兴"加速度"

2022 年中秋假期期间，陕西省汉中市勉县助农带货直播间中，来自中国铁路的支教老师和驻村第一书记组成的"带货团队"直播带货吸引了众多网友围观下单。据了解，7 月中旬以来，每天 16 时，勉县助农带货直播间都会如约开播。

进入新时代，直播带货农产品已经不是新鲜事，各地政府工作人员、网红、村民纷纷加入直播大军。他们走进田间地头，以创新的直播方式、丰富多彩的载体、特色多样的形式帮助村民解决农副产品销售问题，实现村民增收致富，带动当地经济发展。

受益于互联网和物流产业的发展，越来越多的人利用自媒体、电商等平台帮助村民直播带货，整合了农业资源，形成了紧密衔接的产业链。通过网络直播，地里、水里鲜活的农产品按照订单打包装车，消费者只需要通过直播链接下单，就能快速收到带着田园气息的新鲜农货。

助农直播也在一定程度上解决了消费者对货源不信任的问题。直播者通过网络直播宣传了家乡特产、地质风貌，甚至在田间地头、林场、牧场、集市等场所，只需一部手机,农民就可以进行直播,让消费者直接面对货源。

助农直播、乡村驻点,因地制宜的举措助推了沿途产业加快发展,同时,网络直播新业态也有效吸引了年轻人回到农村,反哺家乡,给年轻人提供了就业创业的平台与机会。充满活力的直播形式,为乡村振兴注入了新的动能,助力农业增效、农民富裕,为美丽乡村的画卷增添了绚烂色彩!

思政点拨:

党的二十大报告提出,要全面推进乡村振兴。数字技术是推动乡村振兴的重要抓手,近年来,电子商务、直播电商逐渐成为农产品销售的重要渠道之一,农村电商成为推动农村发展、农业升级、农民增收,助力乡村振兴的新引擎。

考证园地 ‖

在国家职业技能标准"1+X"证书"网店运营推广""互联网营销师""电子商务师"中把移动电子商务的相关知识列为重要的考点,本项目内容是电子商务专业的基础知识,也是必备知识,电商相关岗位从业人员应当熟悉、掌握。

一、名词解释

1. 移动电子商务
2. 传统电子商务

二、填空题

1. 移动娱乐主要包括_____、移动视频、_____、_____等。("互联网营销师"考证真题)

2. 移动银行的优势主要有_____、_____、_____、收费低廉和_____。("电子商务师"考证真题)

3 移动电子商务软件主要有六大类,分别为_____、_____、_____、_____、_____和_____。("网店运营推广"考证真题)

电子商务相关法规

▶ 情境导入 ▮▮

通过前面八个项目的学习，王新已经对电子商务的基本知识有了了解。随着相关技术和设施的逐步成熟，电子商务越来越突出的问题不再局限于技术领域，而是涉及企业管理、经济体制、政府参与、公众意识更新等更加广泛复杂的层面。为了更好地规范电商专业学生作为未来电商从业人员的行为标准以及提高其合法经营的意识，老师根据国家职业技能标准"网店运营师""互联网营销师""电子商务师"中的要求，布置了一个学习电子商务相关法律的任务，希望通过学习加强对电子商务相关法律的认识。

学习目标 ▮▮

● **知识目标**

1. 了解电子商务法的概念及特点。
2. 明白电子商务法的基本原则。
3. 明确电子商务法的法律地位和基本框架。
4. 了解电子商务立法概况。

● **技能目标**

1. 通过了解有关电子商务法的基本知识，具备分辨违法行为的能力。
2. 掌握用法律武器维护合法权益的方法，提高依法依规经营的意识。

● **素养目标**

1. 培养守法经营意识。
2. 提高法治观念，拓宽在电子商务法规方面的认知。

项目案例 ▮▮

有一天韩某在网上浏览，发现一辆二手知名品牌汽车起拍价只有 10 元，他想可能是网站在做促销活动，就参加了竞拍。几轮下来他成功了，成交价是 116 元。网站通过电子邮件进行了确认，并给他发来了电子合同。卖主是一家卖二手车的汽车经销公司，也收到了网站发来的那份电子合同，但是该公司坚决不同意交车，认为这份合同无效，理由如下：第一，汽车的起拍价是 10 万元而不是 10 元，在网站上显示的 10 元起拍价是工作人员输入失误造成的；第二，成交价只有 116 元的合同是不公平的。而韩某的手上有三份证据：第一份是网站给他发来的电子确认书；第二份是电子合同；第三份是整个交易过程的证据。经多次交涉无果，韩某把该公司告到了法院。

▶ 任务一　认识电子商务法

📹 任务导入

老师给王新布置了一个任务，对项目案例进行分析，思考韩某和二手车的卖方是否存在违法行为。

◎ 知识探究

随着相关技术和设施的逐步成熟，电子商务越来越突出的问题不再局限于技术领域，而是涉及企业管理、经济体制、政府参与、公众意识更新等更加广泛复杂的层面。在电子商务已经成为人们生活中必不可少的一部分的今天，提高电子商务法律意识迫在眉睫。

一、电子商务法的概念、调整对象和特点

1. 电子商务法的概念

电子商务法是调整在计算机环境下开展的以数据电文为交易手段进行电子交易的商事活动的法律规范的总称。2018 年 8 月 31 日，第十三届全国人大常委会第五次会议通过《中华人民共和国电子商务法》，自 2019 年 1 月 1 日起施行。

2. 电子商务法的调整对象

电子商务法的调整对象是电子商务交易活动中发生的各种社会关系。这类社会关系是在广泛采用新型信息技术并将这些技术应用到商业领域后才形成的特殊的社会关系，它交叉存在于虚拟社会和实体社会之间，且完全独立于现行法律的调整范围。

3. 电子商务法的特点

（1）商法性。

商法是规范商事主体和商事行为的法律规范。电子商务法规范主要属于行为法，如数据电文制度、电子签名及其认证制度、电子合同制度、电子信息交易制度、电子支付制度等。同时，电子商务法也含有组织法的内容，如认证机构的设立条件、管理、责任等，具有组织法的特点。

（2）技术性。

在电子商务法中，许多法律规范都是直接或间接地由技术规范演变而成的。比如一

实施电子商务法宣传海报

些国家将运用公开密钥体系生成的数字签名，规定为安全的电子签名，这样就将有关公开密钥的技术规范转化成了法律要求，对当事人之间的交易形式和权利义务的行使，都有极其重要的影响。另外，当事人若不遵守网络协议的技术标准，就不可能在开放的环境下进行电子商务交易。

（3）开放性和兼容性。

所谓开放性，是指电子商务法要对世界各地区、各种技术网络开放；所谓兼容性，是指电子商务法应适应多种技术手段、多种传输媒介的对接与融合。只有坚持这个原则，才能实现世界网络信息资源的共享，保证各种先进技术在电子商务中得到及时应用。

（4）国际性。

电子商务固有的开放性、跨国性要求全球范围内的电子商务规则应该是协调和基本一致的。电子商务法应当而且可以通过多国的共同努力得到发展。通过研究有关国家的电子商务法规，我们发现其原则和规则，包括建立的相关制度，在很大程度上是协调一致的。联合国国际贸易法委员会的《电子商务示范法》为这种协调性奠定了基础。

二、电子商务法的基本原则

1. 中立原则

电子商务法的基本目标，归结起来就是要在电子商务活动中，建立公平的交易规则。这是商法的交易安全原则在电子商务法上的必然反映。电子商务既是一种新的交易手段，又是一个新兴产业。面对其中所蕴藏的深不可测的巨大利益的诱惑，各种利益集团以及各个利益主体都想参与其中，在这个无比广阔的舞台上施展才华，谋取利益。其具体参与者有硬件制造商、软件开发商、信息提供商、消费者、商家等。而要达到各方利益的平衡，实现公平的目标，就有必要做到如下几点：

（1）技术中立。

电子商务法对传统的口令法、公开密钥加密法，以及生物鉴别法等认证方法，都不可厚此薄彼，产生任何歧视性要求。同时，还要给未来技术的发展留下法律空间，而不能止步于现状。

（2）媒介中立。

媒介中立是中立原则在各种通信媒体上的具体表现。媒介中立与技术中立紧密联系，二者都具有较强的客观性，并且一定的传输技术与相应的媒介是互为前提的。所不同的是，技术中立侧重于信息的控制和利用手段，而媒介中立则侧重于信息依赖的载体，后者更接近于材料科学。

（3）实施中立。

实施中立是指在电子商务法与其他相关法律的实施上，不可偏废；在本国电子商务活动与国际性电子商务活动的法律待遇上，应一视同仁。特别是不能将传统书面环境下的法律规范（如签名、原件等法律要求）的效力，置于电子商务法之上，而应中立对待，根据具体环境特征的需求来决定法律的实施。如果说技术中立和媒介中立反映了电子商务法对技术方案和媒介方式的规范，具有较强的客观性，那么电子商务法的实施中立，则更偏重于主观性。电子商务法如同其他规范一样，其适用离不开当事人的遵守与司法机关的适用。

（4）同等保护。

同等保护是实施中立原则在电子商务交易主体上的延伸。电子商务法对商家与消费者、国内当事人与国外当事人等，都应尽量做到同等保护。因为电子商务市场本身是国际性的，在现代通信技术条件下，割裂的、封闭的电子商务市场是无法生存的。

素养提升

弘扬正能量　树消费信心

为促进二手车行业健康向上发展，树立消费者信心，中国汽车流通协会在 9 月 21 日召开了二手车电商规范宣传座谈会，共同商讨了应该如何提高和规范行业品牌传播事宜，同时联合 12 家二手车电商共同签署了以"弘扬正能量　树消费信心"为主题的倡议书。

中国汽车流通协会倡议：二手车企业应该坚守诚信原则、强化诚信意识，坚持服务第一、用户至上的宗旨；严格遵守国家法律法规和行业自律公约，提倡公平守信，反对恶性竞争，营造健康文明的行业环境；切实保护消费者权益，履行车况信息、服务信息的公开、透明、公平合理的经营服务承诺，杜绝违法、违规、事故等问题车辆经营行为；切实履行售后保障服务；增强行业透明度，正确面对舆论监督。此外，倡议书还写明，将建立行业健康发展联盟，引入诚信评级机制，对于存在恶性竞争、欺诈消费者行为的企业，一经查实，将向全社会进行公示。

作为二手车电商的"老兵"，车易拍也参加了此次座谈会并签署了倡议书。目前，大量电商平台的涌入也让行业发展正趋于完善。网上竞价交易、寄售、第三方评估、二手车金融、跨区域流通等服务，为用户在交易方式上提供了更多选择，在车况、车价方面提供了更多了解渠道，而在金融、流通方面，则让二手车交易有了更多可能。

2. 自治原则

允许当事人以协议方式订立交易规则，是交易法的基本属性。因而，在电子商务法的立法与司法过程中，都要以自治原则为指导，为当事人全面表达与实现自己的意愿预留充分的空间，并提供切实的保障。譬如《电子商务示范法》第 4 条就规定了当事人可以协议变更的条款。其内在含义是除强制性的法律规范外，其余条款均可由当事人自行协商制定。换言之，《电子商务示范法》的任意性条款，从正面确定权利，以鼓励其意思自治；而强制性条款，则从反面摆脱传统法律羁绊，使法律适应电子商务活动的特征，更好地保障其自治意思的实现。

3. 安全原则

保障电子商务的安全进行，既是电子商务法的重要任务，又是其基本原则之一。电子商务以高效、快捷的特性，在各种商事交易形式中脱颖而出，具有强大的生命力。而这种高效、快捷的交易形式必须以安全为前提，它不仅需要技术上的安全措施，也离不开法律上的安全规范。譬如电子商务法确认强化（安全）电子签名的标准，规定认证机构的资格及职责等具体的制度，都是为了在电子商务条件下，形成一个较为安全的环境，至少使其安全程度与传统书面形式相同。电子商务法从对数据电信效力的承认，以消除电子商务运行方式的法律上的不确定性，到根据电子商务活动中现代电子技术方案应用的成熟经验，而建立起反映其特点的操作性规范，其中都贯穿了安全原则和理念。

4. 功能等同原则

功能等同原则是指根据针对纸质文件的不同法律要求的作用，使数据通信与具有同等作用的相应纸质文件享受同等的法律地位和待遇。

功能等同原则将数据电文的效力与纸面形式的功能进行类比，其目的是要摆脱传统书面这一单一媒介条件产生的束缚，为电子商务创造一个富于弹性的、开放的规范体系，以利于多媒体、多元化技术方案的应用。

三、电子商务法的法律地位

电子商务法具有独立的法律地位，具体表现在以下三个方面：

（1）电子商务法的调整对象是独立的、明确的，它调整的是电子商务交易中发生的各种社会关系，而这类社会关系是在广泛采用新型信息技术并将这些技术应用于商业领域后才形成的特殊的社会关系。

（2）电子商务法调整的社会关系有自己明显的特征，这些社会关系交叉存在于虚拟社会和实体社会之间，而传统法律调整的社会关系都是在现实物理世界的范围之内，二者的调整范围有显著的区别。

（3）传统的民法、经济法及其程序法很难适应虚拟环境中的商务交易活动，突出体现在合同效力的确定、诉讼管辖、证据认定等保障实体法实施的理论和方法不能支持现有法律处理电子商务案件，有关媒体的管理构建的法律不能适应以网络为载体的全新的交流方式。

四、电子商务法的基本框架

电子商务法律法规主要由以下几个方面组成：

（1）电子商务经营法律规范。

（2）电子合同法律规范。

（3）电子签名法律规范。

（4）安全认证法律规范。

（5）电子支付法律规范。

（6）电子商务税收法律规范。

（7）电子商务的知识产权保护法律规范。

（8）个人隐私保护法律规范。

（9）电子商务纠纷处理机制的法律规范。

五、电子商务立法概况

1. 我国电子商务立法现状

（1）《中华人民共和国民法典》（以下简称《民法典》）。

我国最早关于电子商务的立法是 1999 年制定的《合同法》，2021 年 1 月 1 日施行《民法典》后，《合同法》被废止。《民法典》第 469 条规定：当事人订立合同，可以采用书面形式、口头形式或者其他形式。以电子数据交换、电子邮件等方式能够有形地表现所载内容，并可以随时调取查用的数据电文，视为书面形式。《民法典》第 512 条规定：通过互联网等信息网络订立的电子合同的标的为交付商品并采用快递物流方式交付的，收货人的签收时间为交付时间。电子合同的标的为提供服务的，生成的电子凭证或者实物凭证中载明的时间为提供服务时间；前述凭证没有载明时间或者载明时间与实际提供服务时间不一致的，以实际提供服务的时间为准。电子合同的标的物为采用在线传输方式交付的，合同标的物进入对方当事人指定的特定系统且能够检索识别的时间为交付时间。电子合同当事人对交付商品或者提供服务的方式、时间另有约定的，按照其约定。

（2）《电子签名法》。

《电子签名法》于 2004 年 8 月 28 日通过，并于 2005 年 4 月 1 日起正式实施，2015年 4 月 24 日和 2019 年 4 月 23 日进行修正。《电子签名法》的出台是我国电子商务发展的里程碑，因为这是我国电子商务和信息化领域第一部专门的法律，通过确认电子签名的法律效力、规范电子签名行为、维护有关各方合法权益，从法律上保障电子交易安全，促进电子商务和电子政务的发展，同时为电子认证服务业的发展创造了良好的法律环境，为我国电子商务安全认证体系和网络信任体系的建立奠定了重要基础。

2. 国外电子商务立法现状

美国犹他州 1995 年颁布的《数字签名法》，是美国乃至全世界范围内第一部全面确立电子商务运行的法律文件。

1997 年德国颁布了《为信息与通信服务确立基本规范的联邦法》，即《多媒体法》，是世界上第一部对网络应用与行为规范提出法律架构的成文法规。该法的目的在于：在联邦立法权限内创设一个可信赖的秩序空间，同时也将新的信息与通信技术融入日常交易与商业往来中。

马来西亚于 1997 年制定的《数字签名法》是亚洲最早的电子商务立法。

日本于 2000 年制定了《电子签名与认证服务法》，该法通过确保电子签名的稳妥使用，以促进采用电子手段的信息传播和处理。

联合国国际贸易法委员会主持制定了一系列调整国际电子商务活动的法律文件，主要包括《电子资金传输示范法》《电子商务示范法》《电子商务示范法实施指南》《电子签名示范法》等。

任务实施

在项目案例中，韩某和二手车的卖方是否存在违法行为？我们一起回顾案例并完成下表的填写。

人物	是否存在违法行为
韩某	
卖主（某汽车经销公司）	

分析提醒：

1. 该竞拍合同有效。因为依法成立的合同，自成立时生效。但是因工作人员的失误，误将 10 万元写成 10 元，实际上不是卖主的真实意思表示，属于重大误解，依照相关法律规定可以请求变更或者撤销。

2. 本案中电子商务交易过程和证据完善确凿，事实无误，出现争议的关键是工作人员误将拍卖底价写错，所以电子商务看似规范，其实过于简单，缺少磋商和纠错的程序，大多是电脑程序自动完成，非常容易出现问题。

同步训练

2021 年 1 月，原告杨某（男）结识了被告李某（女）。同年 8 月 27 日，李某用手机发短信给杨某，向他借钱应急，短信中说："我需要 5 000 元，刚做了眼睛手术，不能出门，你汇到我的卡里。"杨某见短信后立即将钱汇给了李某。一周后，杨某再次收到李某的借款短信，又借给李某 6 000 元并汇到了李某的账户。因都是短信来往，两次汇款杨某都没有索要借据。借了两次钱后，李某非但没有还钱，反而继续向杨某借钱。杨某起了疑心，要求李某还钱。但几经催要，李某只是发短信说："我一定还，但需要等一段时间。"可李某还是久欠未还，杨某遂将李某告上了法庭。杨某提交了银行汇款单、存单两张，但李某却称这是杨某归还以前的欠款。法院审理认为，手机短信载明的款项数额、往来时间与杨某提交的银行业务凭证相符，同时短信还载明了被告承诺偿还借款的意思表示，证据间相互印证，故可以认定被告向原告借款的事实。据此，法院判令被告李某偿还原告杨某人民币 1.1 万元。

【问题】

（1）案例中的李某是否存在违法行为？

（2）手机短信能否作为证据？它作为证据时的证据力受哪些因素的影响？

▶ 任务二　学习电子合同法

📹 任务导入

通过上一任务的学习，王新对电子商务法已经有了基本的认识，明白了在电商交易中如果受到了不法的侵害，可以通过法律武器来依法捍卫合法权益，但是对于案例中提到的电子合同还存在疑惑。老师安排了一个新的任务，让王新通过本任务的学习，分析项目案例中构成电子合同的元素有哪些。

⊚ 知识探究

一、《民法典》对合同生效的规定

《民法典》规定，订立合同可以采取要约、承诺方式。在直播带货时，常出现主播的宣传和下单页面详情的信息不同的情况。根据《民法典》第 472 条的规定，如果主播宣传的内容具体确定，如包含商品名称、数量、规格、价格、发货时间、运费承担等信息，将构成要约。消费者在商品详情页面下单的行为是向平台内经营者发出了承诺，合同就成立，合同当事方是消费者和平台经营者。虽然出于维护商誉的考虑，部分主播在商品出现质量问题之后会主动赔付，但从法律角度出发，主播并不是合同的相对方，对后续合同履行的问题不承担责任。因此若商品出现质量、发货延迟等后续问题，消费者应当向平台经营者主张违约或侵权责任。

二、《民法典》对合同的时间的规定

《民法典》吸收了《电子商务法》第 49 条规定，重申了电子合同订立的时间点为提交订单成功之时。如有个电商平台的格式条款中约定"以商品出库为合同成立的标志"，但该电商平台没有在提交订单十日内供货，后来形成诉讼，法院认定格式条款无效，该电商平台违约，须承担违约责任。

三、《民法典》对电子商务的格式合同条款的规定

《民法典》在《合同法》的基础上，加重了提供格式条款一方的提示和说明义务，如果致使对方没有注意或者理解与其有重大利害关系的条款的，对方可以主张该条款不成为合同的内容。在电商领域，除了用户协议、服务协议之外，商品页面的信息以及店堂告示信息也可能构成格式条款。如有个电商在商品页面介绍中有"如果不仔细检查直接签收导致的经济损失，需由买家单方面承担"的内容，形成诉讼后，法院认定该约定属于格式条款，不合理地免除卖家责任，加重买家责任，不产生法律效力。

四、《民法典》对电子商务的商品的交付时间的规定

商品的交付时间关系到商品毁损、灭失转移风险的承担，商品交付后风险由购买方承担，交付前由商家承担。《民法典》对交付时间做了如下规定：（1）通过互联网等信息网络订立的电子合同的标的为交付商品并采用快递物流方式交付的，收货人的签收时间为交付时间。（2）电子合同的标的为提供服务的，生成的电子凭证或者实物凭证中载明的时间为提供服务时间；前述凭证没有载明时间或者载明时间与实际提供服务时间不一致的，以实际提供服务的时间为准。（3）电子合同的标的物为采用在线传输方式交付的，合同标的物进入对方当事人指定的特定系统且能够检索识别的时间为交付时间。

五、《民法典》对知识产权保护的规定

《民法典》第 1185 条规定，故意侵害他人知识产权，情节严重的，被侵权人有权请求相应的惩罚性赔偿。电商企业在进行商务活动中一定要注意知识产权的保护，否则会承担额外的赔偿责任。

任务实施

本任务项目案例中提到的以下角色是否存在违法行为？我们一起回顾案例并完成下表的填写。

人物	电子合同的元素	双方是否同意签名
韩某		
卖主（某汽车经销公司）		

分析提醒：

1. 电子合同交易主体的虚拟化和广泛化。电子合同订立的整个过程采用的是电子形式，通过电子邮件、EDI 等方式进行电子合同的谈判、签订及履行等。电子合同的交易主体可以是自然人、法人及非法人组织。在本案例中，买家韩某与卖家（某汽车经销公司）订立了电子确认书、电子合同以及整个交易过程的证据材料，该竞拍合同有效。该竞拍合同是依法成立的合同，自成立时生效。

2. 电子合同的订立需要规范的技术和标准。电子合同是通过计算机网络签订的，它有别于传统的合同订立方式，电子合同的整个交易过程都需要一系列的国际国内技术标准予以规范，如电子签名、电子认证等，这些具体的标准是电子合同存在的基础。本案例中电子商务交易过程和证据完善确凿，事实无误。

同步训练

一个 7 岁的男童，在某购物网站以他父亲李某的身份证号码注册了客户信息，订购了一台价值 100 元的小型打印机。但是当该网站将货物送到李某家中时，李某却以"其子未满 8 周岁，是无民事行为能力人"为由，拒绝接收打印机并拒付货款，由此交易双方产生了纠纷。

李某主张，电子商务合同在虚拟的世界中订立，但却在现实社会中履行，应该也受现行法律的调控。而依我国法律的规定，未满 8 周岁的未成年人是无民事行为能力人，不能独立进行民事活动，应该由他的法定代理人代理民事活动。其子只有 7 岁，不能独立订立货物买卖合同，所以该打印机的网上购销合同无效，其父母作为其法定代理人有权拒付货款。对此，网站主张：由于该男童是使用其父亲李某的身份证注册客户信息的，从网站所掌握的信息来看，与其达成打印机网络购销合同的当事人是一个有完全民事行为能力的人，而并不是此男童。由于网站是不可能审查身份证来源的，也就是说，网站已经尽到了自己的注意义务，不应当就合同的无效承担民事责任。

【问题】

案例中的购销合同是否成立？

德技并修

庐阳区查处首例违反《电子商务法》案件

安徽省合肥市庐阳区市场监管局依法查处一起违反《电子商务法》的案件，执法人员对辖区一烘焙店在美团平台上从事网络销售却未公示营业执照和行政许可信息的行为开出了 2 000 元的行政处罚罚单，同时，这是庐阳区查处的首例违反《电子商务法》的案件。

2021年12月24日，庐阳区市场监管局三孝口所执法人员在日常巡查中发现当事人在美团平台上开设网店销售蛋糕、饼干等糕点类食品，但未公示营业执照、食品经营许可证等信息。上述行为涉嫌违反《电子商务法》第15条第1款的相关规定，执法人员依法予以立案查处，依据规定，责令当事人限期改正违法行为。案发后，当事人及时改正，在美团平台的显著位置公示了营业执照和食品经营许可证信息。

互联网非法外之地，虚拟的网络店铺为消费者提供商品和服务的同时，应当与实体店铺一样依法履行法定义务。

思政点拨：

党的二十大报告指出，法治社会是构筑法治国家的基础，要弘扬社会主义法治精神，引导全体人民做社会主义法治的忠实崇尚者、自觉遵守者、坚定捍卫者，深入开展法治宣传教育，努力使尊法、学法、守法、用法在全社会蔚然成风。在经济领域，电商从业者要做到学法、知法、懂法、守法，增强法治观念，注意合规、合法经营。

📀 考证园地 ▌▌

一、单选题

1. 电子商务法的调整对象是（　　）。（"互联网营销师"考证真题）

A. 商家与消费者之间的服务关系

B. 电子商务交易活动中发生的各种社会关系

C. 实体社会中的各种商事活动中发生的法律关系

D. 企业与员工之间的劳务关系

2. 电子商务立法要排除多种技术的影响，这符合电子商务法的（　　）。（"电子商务师"考证真题）

A. 自治原则　　　　　　　　　　B. 技术中立原则

C. 功能等同原则　　　　　　　　D. 安全原则

3. 某商业网站在其广告页上称某品牌某型号笔记本电脑八折出售给某日该网站的前三位访问者，该网络广告属于（　　）。（"电子商务师"考证真题）

A. 要约　　　　　B. 要约邀请　　　　　C. 承诺　　　　　D. 合同

4. 世界范围内第一部全面确立电子商务运行的法律文件是（　　）。（"电子商务师"考证真题）

A. 联合国《电子商务示范法》　　　　B. 美国《数字签名法》

C. 美国《统一计算机信息交易法》　　D. 马来西亚《数字签名法》

5. 我国最早关于电子商务的立法是（　　）。

A.《中华人民共和国电信条例》　　　B.《计算机软件保护条例》

C.《中华人民共和国合同法》　　　　D.《中华人民共和国电子签名法》

6. 我国首次承认传真、电子邮件等数据电文具有法律效力的法规是（　　）。

A.《中华人民共和国电子签名法》　　B.《计算机软件保护条例》

C.《中华人民共和国合同法》　　　　D.《电子签章条例》

7. 甲公司发布电视广告，称有 100 辆某型号汽车，每辆价格 15 万元，广告有效期 10 天。乙公司于该则广告发布后第 5 天携带汇票去甲公司买车，但此时车已全部售完，无货可供。下列选项表述正确的是（　　）。

A. 甲构成违约　　　　　　　　　　B. 甲应承担缔约过失责任

C. 甲应承担侵权责任　　　　　　　D. 甲不应承担民事责任

8. 甲公司为使生产顺利进行，迫切需要一批原材料，便于 11 月 21 日书写一封信件，向乙公司提出要约，欲以 5 万元 1 吨的价格向乙公司购买 10 吨原材料。11 月 2 日，甲公司将该信寄出。甲公司发出的信件于 11 月 25 日到达乙公司所在地的邮局。11 月 26 日，邮局将该信送至乙公司。则甲公司要约的生效时间是（　　）。

A. 11 月 21 日　　　B. 11 月 22 日　　　C. 11 月 25 日　　　D. 11 月 26 日

二、多选题

1. 电子商务法的基本框架应当由《电子商务法》及其配套的法律规范构成，配套法律规范大致包括（　　）等。

A. 电子商务经营法律规范　　　　　B. 电子支付法律规范

C. 电子签名法律规范　　　　　　　D. 安全认证法律规范

2. 电子商务法的特点包括（　　）。

A. 商法性　　　　　　　　　　　　B. 开放性与兼容性

C. 技术性　　　　　　　　　　　　D. 国际性

3. 电子商务法的原则有（　　）。（"网店运营推广"考证真题）

A. 自治原则　　　B. 安全原则　　　C. 中立原则　　　D. 功能等同原则

4. 根据《民法典》的规定，下列关于要约生效时间的表述正确的有（　　）。

A. 在对话要约场合，要约是立即生效的

B. 在对话要约场合，要约为受要约人理解时才生效

C. 在非对话要约场合，要约通知进入受要约人控制范围即生效

D. 在非对话要约场合，要约通知为受要约人所知晓时才生效

5. 要约生效以后会产生约束力，下列选项中能够表现要约效力的有（　　）。

A. 要约不得随意撤回　　　　　　　B. 要约不得随意撤销

C. 要约一经承诺，合同即告成立　　D. 要约不得随意变更

三、判断题

1. 电子商务法的基本目标就是在电子商务活动中建立公平的交易规则。（　　）（"网店运营推广"考证真题）

2. 要约的撤回与撤销是一回事。（　　）

3. 合同成立后，当事人不得随意撤回自己的要约与承诺。（　　）

4. 刘某看到某网站出售手机的广告后，依照该网页的要求用鼠标点击了标有"同意"字样的按钮，刘某与网站之间的合同成立。（　　）

5. 在电子合同被确认为无效或被撤销后，双方当事人也应承担财产返还、赔偿损失等民事责任。（　　）

参考文献

[1] 王红红. 电子商务经典案例分析. 北京：化学工业出版社，2020.

[2] 邓顺国. 电子商务运营管理. 北京：科学出版社，2022.

[3] 李杰. 电子商务环境下的消费者认知与行为研究. 北京：科学出版社，2021.

[4] 苏芯. 进击的文案：新媒体写作完全指南. 北京：电子工业出版社，2020.

[5] 董德民. 电子商务实务教程. 杭州：浙江大学出版社，2020.

[6] 叶龙. 新媒体文案完全操作手册. 北京：清华大学出版社，2020.

[7] 池金玲. 云计算在电子商务中的应用研究. 吉林工程技术师范学院学报，2018，34（4）.

[8] 李旭坤. 云计算移动电子商务发展研究. 数字技术与应用，2017（4）.

[9] 胡冬严. 云计算技术在现代电子商务中的应用研究. 商场现代化，2016（15）.

[10] 王欣. 云计算环境下大数据对电子商务的影响研究. 中国商论，2016（2）.

[11] 耿裕清，陈骋. 基于SWOT分析法的民族地区旅游服务移动电商融合发展. 贵州民族研究，2017（5）.

[12] 翟运开，李思琪，孙东旭. 面向"互联网＋医疗健康"的医药电商平台构建. 中国卫生事业管理，2021（3）.